蜀書

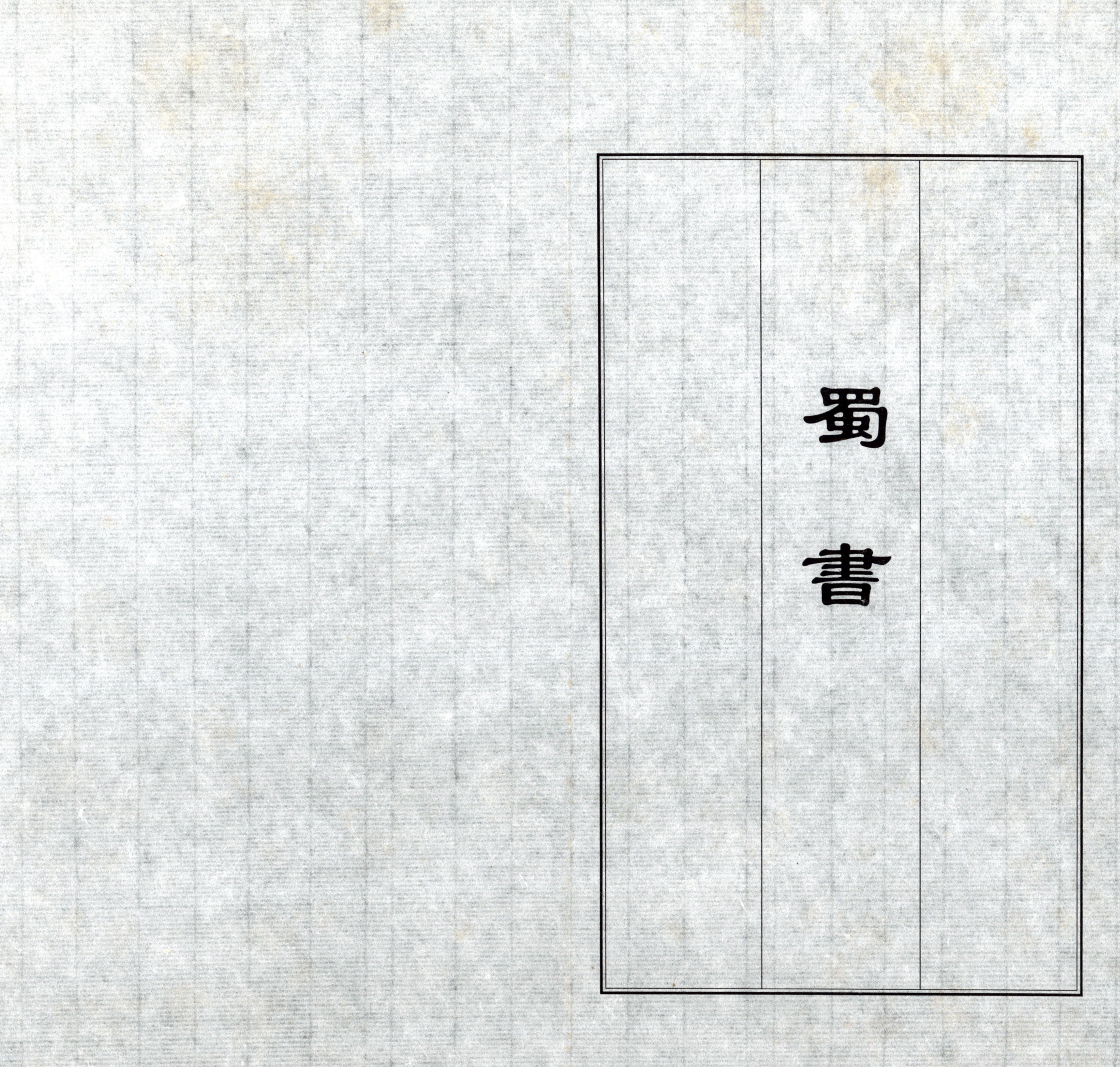

置書

三國志卷三十一

蜀書一

劉二牧傳第一

劉焉字君郎，江夏竟陵人也，漢魯恭王之後裔，章帝元和中徙封竟陵，支庶家焉。焉少仕州郡，以宗室拜中郎，後以師祝公喪去官。居陽城山，積學教授，舉賢良方正，辟司徒府，歷雒陽令、冀州刺史、南陽太守、宗正、太常。焉睹靈帝政治衰缺，王室多故，乃建議言：『刺史、太守，貨賂爲官，割剥百姓，以致離叛。可選清名重臣以爲牧伯，鎮安方夏。』焉内求交阯牧，欲避世難。議未即行，侍中廣漢董扶私謂焉曰：『京師將亂，益州分野有天子氣。』焉聞扶言，意更在益州。會益州刺史郤儉賦斂煩擾，謡言遠聞，而并州殺刺史張壹，凉州殺刺史耿鄙，焉謀得施。出爲監軍使者，領益州牧，封陽城侯，當收儉治罪；扶亦求爲蜀郡西部屬國都尉，及太倉令巴西趙韙去官，俱隨焉。

是時益州逆賊馬相、趙祗等于綿竹縣自號黄巾，合聚疲役之民，一二日中得數千人，先殺綿竹令李升，吏民翕集，合萬餘人，便前破雒縣，攻益州殺儉，又到蜀郡、犍爲，旬月之間，破壞三郡。相自稱天子，衆以萬數。州從事賈龍領家兵數百人在犍爲東界，攝斂吏民，得千餘人，攻相等，數日破走，州界清静。龍乃選吏卒迎焉。焉徙治綿竹，撫納離叛，務行寬惠，陰圖異計。張魯母始以鬼道，又有少容，常往來焉家，故焉遣魯爲督義司馬，住漢中，斷絶谷閣，殺害漢使。焉上書言米賊斷道，不得復通。又托他事殺州中豪强王咸、李權等十餘人，以立威刑。犍爲太守任岐及賈龍由此反攻

焉，焉擊殺岐、龍。

焉意漸盛，造作乘輿車具千餘乘。荆州牧劉表表上焉有似子夏在西河疑聖人之論。時焉子範爲左中郎將，誕治書御史，璋爲奉車都尉，皆從獻帝在長安，惟叔子别部司馬瑁素隨焉。獻帝使璋曉諭焉，焉留璋不遣。時征西將軍馬騰屯郿而反，焉及範與騰通謀，引兵襲長安。範謀泄，奔槐里，騰敗，退還凉州。範應時見殺，于是收誕行刑。議郎河南龐羲與焉通家，乃募將焉諸孫入蜀。時焉被天火燒城，車具蕩盡，延及民家。焉徙治成都，既痛其子，又感袄灾。興平元年，癰疽發背而卒。州大吏趙韙等貪璋温仁，共上璋爲益州刺史，詔書因以爲監軍使者，領益州牧，以韙爲征東中郎將，率衆擊劉表。

璋，字季玉，既襲焉位，而張魯稍驕恣，不承順璋，璋殺魯母及弟，遂爲讎敵。璋累遣龐羲等攻魯，數爲所破。魯部曲多在巴西，故以羲爲巴西太守，領兵禦魯。後羲與璋情好携隙，趙韙稱兵内向，衆散見殺，皆由璋明斷少而外言入故也。璋聞曹公征荆州，已定漢南，遣河内陰溥致敬于曹公。加璋振威將軍，兄瑁平寇將軍。瑁狂疾物故。璋復遣别駕從事蜀郡張肅送叟兵三百人并雜御物于曹公，曹公拜肅爲廣漢太守。璋復遣别駕張松詣曹公，曹公時已定荆州，走先主，不復存録松。松以此怨。會曹公軍不利于赤壁，兼以疫死。松還，疵毁曹公，勸璋自絶，因説璋曰：『劉豫州，使君之肺腑，可與交通。』璋皆然之，遣法正連好先主，尋又令正及孟達送兵數千助先主守禦，正遂還。後松復説璋曰：『今州中諸將龐羲、李異等皆恃功驕豪，欲有外意，不得豫州，則敵攻其外，民攻其内，

必敗之道也。』璋又從之，遣法正請先主。璋主簿黄權陳其利害，從事廣漢王累自倒縣于州門以諫，璋一無所納，敕在所供奉先主，先主入境如歸。先主至江州，北由墊江水詣涪，去成都三百六十里，是歲建安十六年也。璋率步騎三萬餘人，車乘帳幔，精光曜日，往就與會；先主所將將士，更相之適，歡飲百餘日。璋資給先主，使討張魯，然後分别。

明年，先主至葭萌，還兵南向，所在皆克。十九年，進圍成都數十日，城中尚有精兵三萬人，穀帛支一年，吏民咸欲死戰。璋言：『父子在州二十餘年，無恩德以加百姓。百姓攻戰三年，肌膏草野者，以璋故也，何心能安！』遂開城出降，群下莫不流涕。先主遷璋于南郡公安，盡歸其財物及故佩振威將軍印綬。孫權殺關羽，取荆州，以璋爲益州牧，駐秭歸。璋卒，南中豪率雍闓據益郡反，附于吴。權復以璋子闡爲益州刺史，處交、益界首。丞相諸葛亮平南土，闡還吴，爲御史中丞。初，璋長子循妻，龐羲女也。先主定蜀，羲爲左將軍司馬，璋時從羲啓留循，先主以爲奉車中郎將。是以璋二子之後，分在吴、蜀。

評曰：昔魏豹聞許負之言則納薄姬於室，劉歆見圖讖之文則名字改易，終於不免其身，而慶鍾二主。此則神明不可虚要，天命不可妄冀，必然之驗也。而劉焉聞董扶之辭則心存益土，聽相者之言則求婚吴氏，遽造輿服，圖竊神器，其惑甚矣。璋才非人雄，而據土亂世，負乘致寇，自然之理，其見奪取，非不幸也。

三國志卷三十二

蜀書二

先主傳第二

先主姓劉，諱備，字玄德，涿郡涿縣人，漢景帝子中山靖王勝之後也。勝子貞，元狩六年封涿縣陸城亭侯。坐酎金失侯，因家焉。先主祖雄，父弘，世仕州郡。雄舉孝廉，官至東郡范令。

先主少孤，與母販履織席爲業。舍東南角籬上有桑樹生高五丈餘，遥望見童童如小車蓋，往來者皆怪此樹非凡，或謂當出貴人。先主少時，與宗中諸小兒於樹下戲，言：『吾必當乘此羽葆蓋車。』叔父子敬謂曰：『汝勿妄語，滅吾門也！』年十五，母使行學，與同宗劉德然、遼西公孫瓚俱事故九江太守同郡盧植。德然父元起常資給先主，與德然等。元起妻曰：『各自一家，何能常爾邪！』起曰：『吾宗中有此兒，非常人也。』而瓚深與先主相友。瓚年長，先主以兄事之。先主不甚樂讀書，喜狗馬、音樂、美衣服。身長七尺五寸，垂手下膝，顧自見其耳。少語言，善下人，喜怒不形於色。好交結豪俠，年少爭附之。中山大商張世平、蘇雙等貲累千金，販馬周旋於涿郡，見而異之，乃多與之金財。先主由是得用合徒衆。

靈帝末，黄巾起，州郡各舉義兵，先主率其屬從校尉鄒靖討黄巾賊有功，除安喜尉。督郵以公事到縣，先主求謁，不通，直入縛督郵，杖二百，解綬繫其頸着馬柳，棄官亡命。頃之，大將軍何進遣都尉毌丘毅詣丹楊募兵，先主與俱行，至下邳遇賊，力戰有功，除爲下密丞。復去官。後爲高唐尉，

遷爲令。爲賊所破，往奔中郎將公孫瓚，瓚表爲別部司馬，使與青州刺史田楷以拒冀州牧袁紹。數有戰功，試守平原令，後領平原相。郡民劉平素輕先主，耻爲之下，使客刺之。客不忍刺，語之而去。其得人心如此。

袁紹攻公孫瓚，先主與田楷東屯齊。曹公征徐州，徐州牧陶謙遣使告急於田楷，楷與先主俱救之。時先主自有兵千餘人及幽州烏丸雜胡騎，又略得飢民數千人。既到，謙以丹楊兵四千益先主，先主遂去楷歸謙。謙表先主爲豫州刺史，屯小沛。謙病篤，謂別駕麋竺曰：『非劉備不能安此州也。』謙死，竺率州人迎先主，先主未敢當。下邳陳登謂先主曰：『今漢室陵遲，海内傾覆，立功立事，在於今日。鄙州殷富，戶口百萬，欲屈使君撫臨州事。』先主曰：『袁公路近在壽春，此君四世五公，海内所歸，君可以州與之。』登曰：『公路驕豪，非治亂之主。今欲爲使君合步騎十萬，上可以匡主濟民，成五霸之業，下可以割地守境，書功於竹帛。若使君不見聽許，登亦未敢聽使君也。』北海相孔融謂先主曰：『袁公路豈憂國忘家者邪？冢中枯骨，何足介意。今日之事，百姓與能，天與不取，悔不可追。』先主遂領徐州。袁術來攻先主，先主拒之於盱眙、淮陰。曹公表先主爲鎮東將軍，封宜城亭侯，是歲建安元年也。先主與術相持經月，吕布乘虚襲下邳。下邳守將曹豹反，間迎布。布虜先主妻子，先主轉軍海西。楊奉、韓暹寇徐、揚間，先主邀擊，盡斬之。先主求和於吕布，布還其妻子。先主遣關羽守下邳。

先主還小沛，復合兵得萬餘人。吕布惡之，自出兵攻先主，先主敗走歸曹公。曹公厚遇之，以爲

豫州牧。將至沛收散卒，給其軍糧，益與兵使東擊布。布遣高順攻之，曹公遣夏侯惇往，不能救，爲順所敗，復虜先主妻子送布。曹公自出東征，助先主圍布於下邳，生禽布。先主復得妻子，從曹公還許。表先主爲左將軍，禮之愈重，出則同輿，坐則同席。袁術欲經徐州北就袁紹，曹公遣先主督朱靈、路招要擊術。未至，術病死。

先主未出時，獻帝舅車騎將軍董承辭受帝衣帶中密詔，當誅曹公。先主未發。是時曹公從容謂先主曰：『今天下英雄，唯使君與操耳。本初之徒，不足數也。』先主方食，失匕箸。遂與承及長水校尉种輯、將軍吴子蘭、王子服等同謀。會見使，未發。事覺，承等皆伏誅。

先主據下邳。靈等還，先主乃殺徐州刺史車冑，留關羽守下邳，而身還小沛。東海昌霸反，郡縣多叛曹公爲先主，衆數萬人，遣孫乾與袁紹連和，曹公遣劉岱、王忠擊之，不克。五年，曹公東征先主，先主敗績。曹公盡收其衆，虜先主妻子，并禽關羽以歸。

先主走青州。青州刺史袁譚，先主故茂才也，將步騎迎先主。先主隨譚到平原，譚馳使白紹。紹遣將道路奉迎，身去鄴二百里，與先主相見。駐月餘日，所失亡士卒稍稍來集。曹公與袁紹相拒於官渡，汝南黄巾劉辟等叛曹公應紹。紹遣先主將兵與辟等略許下。關羽亡歸先主。曹公遣曹仁將兵擊先主，先主還紹軍，陰欲離紹，乃説紹南連荆州牧劉表。紹遣先主將本兵復至汝南，與賊龔都等合，衆數千人。曹公遣蔡陽擊之，爲先主所殺。

曹公既破紹，自南擊先主。先主遣麋竺、孫乾與劉表相聞，表自郊迎，以上賓禮待之，益其兵，使屯新野。荆州豪傑歸先主者日益多，表疑其心，陰禦之。使拒夏侯惇、于禁等於博望。久之，先主設伏兵，一旦自燒屯僞遁，惇等追之，爲伏兵所破。

十二年，曹公北征烏丸，先主説表襲許，表不能用。曹公南征表，會表卒，子琮代立，遣使請降。先主屯樊，不知曹公卒至，至宛乃聞之，遂將其衆去。過襄陽，諸葛亮説先主攻琮，荆州可有。先主曰：『吾不忍也。』乃駐馬呼琮，琮懼不能起。琮左右及荆州人多歸先主。比到當陽，衆十餘萬，輜重數千兩，日行十餘里，别遣關羽乘船數百艘，使會江陵。或謂先主曰：『宜速行保江陵，今雖擁大衆，被甲者少，若曹公兵至，何以拒之？』先主曰：『夫濟大事必以人爲本，今人歸吾，吾何忍棄去！』

曹公以江陵有軍實，恐先主據之，乃釋輜重，輕軍到襄陽。聞先主已過，曹公將精騎五千急追之，一日一夜行三百餘里，及於當陽之長坂。先主棄妻子，與諸葛亮、張飛、趙雲等數十騎走，曹公大獲其人衆輜重。先主斜趨漢津，適與羽船會，得濟沔，遇表長子江夏太守琦衆萬餘人，與俱到夏口。先主遣諸葛亮自結於孫權，權遣周瑜、程普等水軍數萬，與先主并力，與曹公戰於赤壁，大破之，焚其舟船。先主與吴軍水陸並進，追到南郡，時又疾疫，北軍多死，曹公引歸。

先主表琦爲荆州刺史，又南征四郡。武陵太守金旋、長沙太守韓玄、桂陽太守趙範、零陵太守劉度皆降。廬江雷緒率部曲數萬口稽顙。琦病死，群下推先主爲荆州牧，治公安。權稍畏之，進妹固好。先主至京見權，綢繆恩紀。權遣使云欲共取蜀，或以爲宜報聽許，吴終不能越荆有蜀，蜀地可

爲己有。荆州主簿殷觀進曰：『若爲吴先驅，進未能克蜀，退爲吴所乘，即事去矣。今但可然贊其伐蜀，而自説新據諸郡，未可興動，吴必不敢越我而獨取蜀。如此進退之計，可以收吴、蜀之利。』先主從之，權果輟計。遷觀爲别駕從事。

十六年，益州牧劉璋遥聞曹公將遣鍾繇等向漢中討張魯，内懷恐懼。别駕從事蜀郡張松説璋曰：『曹公兵强無敵於天下，若因張魯之資以取蜀土，誰能禦之者乎？』璋曰：『吾固憂之而未有計。』松曰：『劉豫州，使君之宗室而曹公之深讎也，善用兵，若使之討魯，魯必破。魯破，則益州强，曹公雖來，無能爲也。』璋然之，遣法正將四千人迎先主，前後賂遺以巨億計。正因陳益州可取之策。先主留諸葛亮、關羽等據荆州，將步卒數萬人入益州。至涪，璋自出迎，相見甚歡。張松令法正白先主，及謀臣龐統進説，便可於會所襲璋。先主曰：『此大事也，不可倉卒。』璋推先主行大司馬，領司隸校尉；先主亦推璋行鎮西大將軍，領益州牧。璋增先主兵，使擊張魯，又令督白水軍。先主并軍三萬餘人，車甲器械資貨甚盛。是歲，璋還成都。先主北到葭萌，未即討魯，厚樹恩德，以收衆心。

明年，曹公征孫權，權呼先主自救。先主遣使告璋曰：『曹公征吴，吴憂危急。孫氏與孤本爲脣齒，又樂進在青泥與關羽相拒，今不往救羽，進必大克，轉侵州界，其憂有甚於魯。魯自守之賊，不足慮也。』乃從璋求萬兵及資實，欲以東行。璋但許兵四千，其餘皆給半。張松書與先主及法正曰：『今大事垂可立，如何釋此去乎！』松兄廣漢太守肅，懼禍逮己，白璋發其謀。於是璋收斬松，

嫌隙始構矣。璋敕關戍諸將文書勿復關通先主。先主大怒，召璋白水軍督楊懷，責以無禮，斬之。乃使黄忠、卓膺勒兵向璋。先主徑至關中，質諸將并士卒妻子，引兵與忠、膺等進到涪，據其城。璋遣劉璝、冷苞、張任、鄧賢等拒先主於涪，皆破敗，退保緜竹。璋復遣李嚴督緜竹諸軍，嚴率衆降先主。先主軍益强，分遣諸將平下屬縣，諸葛亮、張飛、趙雲等將兵泝流定白帝、江州、江陽，惟關羽留鎮荆州。先主進軍圍雒；時璋子循守城，被攻且一年。

十九年夏，雒城破，進圍成都數十日，璋出降。蜀中殷盛豐樂，先主置酒大饗士卒，取蜀城中金銀分賜將士，還其穀帛。先主復領益州牧，諸葛亮爲股肱，法正爲謀主，關羽、張飛、馬超爲爪牙，許靖、麋竺、簡雍爲賓友。及董和、黄權、李嚴等本璋之所授用也，吴壹、費觀等又璋之婚親也，彭羕又璋之所排擯也，劉巴者宿昔之所忌恨也，皆處之顯任，盡其器能。有志之士，無不競勸。

二十年，孫權以先主已得益州，使使報欲得荆州。先主言：『須得凉州，當以荆州相與。』權忿之，乃遣吕蒙襲奪長沙、零陵、桂陽三郡。先主引兵五萬下公安，令關羽入益陽。是歲，曹公定漢中，張魯遁走巴西。先主聞之，與權連和，分荆州江夏、長沙、桂陽東屬；南郡、零陵、武陵西屬，引軍還江州。遣黄權將兵迎張魯，張魯已降曹公。曹公使夏侯淵、張郃屯漢中，數數犯暴巴界。先主令張飛進兵宕渠，與郃等戰於瓦口，破郃等，郃收兵還南鄭。先主亦還成都。

二十三年，先主率諸將進兵漢中。分遣將軍吴蘭、雷銅等入武都，皆爲曹公軍所没。先主次于陽平關，與淵、郃等相拒。

三國志一

魏書　武帝紀第一

二十四年春，自陽平南渡沔水，緣山稍前，於定軍興勢作營。淵將兵來爭其地。先主命黃忠乘高鼓譟攻之，大破淵軍，斬淵及曹公所署益州刺史趙顒等。曹公自長安舉衆南征。先主遥策之曰：『曹公雖來，無能爲也，我必有漢川矣。』及曹公至，先主斂衆拒險，終不交鋒，積月不拔，亡者日多。夏，曹公果引軍還，先主遂有漢中。遣劉封、孟達、李平等攻申耽於上庸。

秋，群下上先主爲漢中王，表於漢帝曰：『平西將軍都亭侯臣馬超、左將軍長史領鎮軍將軍臣許靖、營司馬臣龐羲、議曹從事中郎軍議中郎將臣射援、軍師將軍臣諸葛亮、蕩寇將軍漢壽亭侯臣關羽、征虜將軍新亭侯臣張飛、征西將軍臣黄忠、鎮遠將軍臣賴恭、揚武將軍臣法正、興業將軍臣李嚴等一百二十人上言曰：昔唐堯至聖而四凶在朝，周成仁賢而四國作難，高后稱制而諸吕竊命，孝昭幼沖而上官逆謀，皆馮世寵，藉履國權，窮凶極亂，社稷幾危。非大舜、周公、朱虛、博陸，則不能流放禽討，安危定傾。伏惟陛下誕姿聖德，統理萬邦，而遭厄運不造之艱。董卓首難，蕩覆京畿，曹操階禍，竊執天衡；皇后太子，鴆殺見害，剥亂天下，殘毁民物。久令陛下蒙塵憂厄，幽處虛邑。人神無主，遏絶王命，厭昧皇極，欲盜神器。左將軍領司隸校尉豫、荆、益三州牧宜城亭侯備，受朝爵秩，念在輸力，以殉國難。睹其機兆，赫然憤發，與車騎將軍董承同謀誅操，將安國家，克寧舊都。會承機事不密，令操游魂得遂長惡，殘泯海内。臣等每懼王室大有閻樂之禍，小有定安之變，夙夜惴惴，戰慄累息。昔在《虞書》，敦序九族，周監二代，封建同姓，《詩》著其義，歷載長久。漢興之初，割裂疆土，尊王子弟，是以卒折諸吕之難，而成太宗之基。臣等以備肺腑枝葉，宗子藩翰，心存國家，念在弭亂。自操破於漢中，海内英雄望風蟻附，而爵號不顯，九錫未加，非所以鎮衛社稷，光昭萬世也。奉辭在外，禮命斷絶。昔河西太守梁統等值漢中興，限於山河，位同權均，不能相率，咸推竇融以爲元帥，卒立效績，摧破隗囂。今社稷之難，急於隴、蜀。操外吞天下，内殘群寮，朝廷有蕭墻之危，而禦侮未建，可爲寒心。臣等輒依舊典，封備漢中王，拜大司馬，董齊六軍，糾合同盟，掃滅凶逆。以漢中、巴、蜀、廣漢、犍爲爲國，所署置依漢初諸侯王故典。夫權宜之制，苟利社稷，專之可也。然後功成事立，臣等退伏矯罪，雖死無恨。』遂於沔陽設壇場，陳兵列衆，群臣陪位，讀奏訖，御王冠於先主。

先主上言漢帝曰：『臣以具臣之才，荷上將之任，董督三軍，奉辭於外，不能掃除寇難，靖匡王室，久使陛下聖教陵遲，六合之内，否而未泰，惟憂反側，疢如疾首。曩者董卓造爲亂階，自是之後，群凶縱横，殘剥海内。賴陛下聖德威靈，人神同應，或忠義奮討，或上天降罰，暴逆並殪，以漸冰消。惟獨曹操，久未梟除，侵擅國權，恣心極亂。臣昔與車騎將軍董承圖謀討操，機事不密，承見陷害，臣播越失據，忠義不果。遂得使操窮凶極逆，主后戮殺，皇子鴆害。雖糾合同盟，念在奮力，懦弱不武，歷年未效。常恐殞没，孤負國恩，寤寐永嘆，夕惕若厲。今臣群寮以爲在昔《虞書》敦叙九族，庶明勵翼，五帝損益，此道不廢。周監二代，並建諸姬，實賴晉、鄭夾輔之福。高祖龍興，尊王子弟，大啓九國，卒斬諸吕，以安大宗。今操惡直醜正，寔繁有徒，包藏禍心，篡盜已顯。既宗室微弱，帝族無位，斟酌古式，依假權宜，上臣大司馬漢中王。臣伏自三省，受國厚恩，荷任一方，陳力未效，所獲已

過，不宜復忝高位以重罪謗。群寮見逼，迫臣以義。臣退惟寇賊不梟，國難未已，宗廟傾危，社稷將墜，成臣憂責碎首之負。若應權通變，以寧靖聖朝，雖赴水火，所不得辭，敢慮常宜，以防後悔。輒順衆議，拜受印璽，以崇國威。仰惟爵號，位高寵厚，俯思報效，憂深責重，驚怖累息，如臨于谷。盡力輸誠，奬厲六師，率齊群義，應天順時，撲討凶逆，以寧社稷，以報萬分。謹拜章因驛上還所假左將軍、宜城亭侯印綬。』於是還治成都。拔魏延爲都督，鎮漢中。時關羽攻曹公將曹仁，禽于禁於樊。俄而孫權襲殺羽，取荆州。

二十五年，魏文帝稱尊號，改年曰黄初。或傳聞漢帝見害，先主乃發喪制服，追謚曰孝愍皇帝。是後在所並言衆瑞，日月相屬，故議郎陽泉侯劉豹、青衣侯向舉、偏將軍張裔、黄權、大司馬屬殷純、益州别駕從事趙莋、治中從事楊洪、從事祭酒何宗、議曹從事杜瓊、勸學從事張爽、尹默、譙周等上言：『臣聞《河圖》、《洛書》，五經讖、緯，孔子所甄，驗應自遠。謹案《洛書甄曜度》曰：「赤三日德昌，九世會備，合爲帝際。」《洛書寶號命》曰：「天度帝道備稱皇，以統握契，百成不敗。」《洛書録運期》曰：「九侯七杰争命民炊骸，道路籍籍履人頭，誰使主者玄且來。」《孝經鉤命決録》曰：「帝三建九會備。」臣父群未亡時，言西南數有黄氣，直立數丈，見來積年，時時有景雲祥風，從璿璣下來應之，此爲異瑞。又二十二年中，數有氣如旗，從西竟東，中天而行，《圖》、《書》曰「必有天子出其方」。加是年太白、熒惑、填星，常從歲星相追。近漢初興，五星從歲星謀；歲星主義，漢位在西，義之上方，故漢法常以歲星候人主。當有聖主起於此州，以致中興。時許帝尚存，故

群下不敢漏言。頃者熒惑復追歲星，見在胃昴畢；昴畢爲天綱，《經》曰「帝星處之，衆邪消亡」。聖諱豫睹，推揆期驗，符合數至，若此非一。臣聞聖王先天而天不違，後天而奉天時，故應際而生，與神合契。願大王應天順民，速即洪業，以寧海内。』

太傅許靖、安漢將軍麋竺、軍師將軍諸葛亮、太常賴恭、光禄勳黄柱、少府王謀等上言：『曹丕篡弑，湮滅漢室，竊據神器，劫迫忠良，酷烈無道。人鬼忿毒，咸思劉氏。今上無天子，海内惶惶，靡所式仰。群下前後上書者八百餘人，咸稱述符瑞，圖、讖明徵。閒黄龍見武陽赤水，九日乃去。《孝經援神契》曰「德至淵泉則黄龍見」，龍者，君之象也。《易》乾九五「飛龍在天」，大王當龍升，登帝位也。又前關羽圍樊、襄陽，襄陽男子張嘉、王休獻玉璽，璽潛漢水，伏於淵泉，暉景燭耀，靈光徹天。夫漢者，高祖本所起定天下之國號也，大王襲先帝軌迹，亦興於漢中也。今天子玉璽神光先見，璽出襄陽，漢水之末，明大王承其下流，授與大王以天子之位，瑞命符應，非人力所致。昔周有烏魚之瑞，咸曰休哉。二祖受命，《圖》、《書》先著，以爲徵驗。今上天告祥，群儒英俊，並起《河》、《洛》，孔子讖、記，咸悉具至。伏惟大王出自孝景皇帝中山靖王之胄，本支百世，乾祇降祚，聖姿碩茂，神武在躬，仁覆積德，愛人好士，是以四方歸心焉。考省《靈圖》，啓發讖、緯，神明之表，名諱昭著。宜即帝位，以纂二祖，紹嗣昭穆，天下幸甚。臣等謹與博士許慈、議郎孟光，建立禮儀，擇令辰，上尊號。』即皇帝位於成都武擔之内。爲文曰：『惟建安二十六年四月丙午，皇帝備敢用玄牡，昭告皇天上帝后土神祇：漢有天下，歷數無疆。曩者王莽篡盗，光武皇帝震怒致誅，社稷復存。今曹操阻兵安忍，戮

殺主后，滔天泯夏，罔顧天顯。操子丕，載其凶逆，竊居神器。群臣將士以爲社稷墮廢，備宜脩之，嗣武二祖，龔行天罰。備惟否德，懼忝帝位。詢于庶民，外及蠻夷君長，僉曰『天命不可以不答，祖業不可以久替，四海不可以無主』。率土式望，在備一人。備畏天明命，又懼漢阼將湮于地，謹擇元日，與百寮登壇，受皇帝璽綬。脩燔瘞，告類于天神，惟神饗祚于漢家，永綏四海！』

章武元年夏四月，大赦，改年。以諸葛亮爲丞相，許靖爲司徒。置百官，立宗廟，祫祭高皇帝以下。五月，立皇后吳氏，子禪爲皇太子。六月，以子永爲魯王，理爲梁王。車騎將軍張飛爲其左右所害。初，先主忿孫權之襲關羽，將東征，秋七月，遂帥諸軍伐吳。孫權遣書請和，先主盛怒不許，吳將陸議、李異、劉阿等屯巫、秭歸；將軍吳班、馮習自巫攻破異等，軍次秭歸，武陵五谿蠻夷遣使請兵。

二年春正月，先主軍還秭歸，將軍吳班、陳式水軍屯夷陵，夾江東西岸。二月，先主自秭歸率諸將進軍，緣山截嶺，於夷道猇亭駐營，自佷山通武陵，遣侍中馬良安慰五谿蠻夷，咸相率響應。鎮北將軍黃權督江北諸軍，與吳軍相拒於夷陵道。夏六月，黃氣見自秭歸十餘里中，廣數十丈。後十餘日，陸議大破先主軍於猇亭，將軍馮習、張南等皆沒。先主自猇亭還秭歸，收合離散兵，遂棄船舫，由步道還魚復，改魚復縣曰永安。吳遣將軍李異、劉阿等踵躡先主軍，屯駐南山。秋八月，收兵還巫。司徒許靖卒。冬十月，詔丞相亮營南北郊於成都。孫權聞先主住白帝，甚懼，遣使請和。先主許之，遣太中大夫宗瑋報命。冬十二月，漢嘉太守黃元聞先主疾不豫，舉兵拒守。

三年春二月，丞相亮自成都到永安。三月，黃元進兵攻臨邛縣。遣將軍陳曶討元，元軍敗，順流下江，爲其親兵所縛，生致成都，斬之。先主病篤，託孤於丞相亮，尚書令李嚴爲副。夏四月癸巳，先主殂于永安宮，時年六十三。

亮上言於後主曰：『伏惟大行皇帝邁仁樹德，覆燾無疆，昊天不吊，寢疾彌留，今月二十四日奄忽升遐，臣妾號咷，若喪考妣。乃顧遺詔，事惟大宗，動容損益；百寮發哀，滿三日除服，到葬期復如禮；其郡國太守、相、都尉、縣令長，三日便除服。臣亮親受敕戒，震畏神靈，不敢有違。臣請宣下奉行。』五月，梓宮自永安還成都，謚曰昭烈皇帝。秋，八月，葬惠陵。

評曰：先主之弘毅寬厚，知人待士，蓋有高祖之風，英雄之器焉。及其舉國託孤於諸葛亮，而心神無貳，誠君臣之至公，古今之盛軌也。機權幹略，不逮魏武，是以基宇亦狹。然折而不撓，終不爲下者，抑揆彼之量必不容己，非唯競利，且以避害云爾。

三國志卷三十三

蜀書三

後主傳第三

後主諱禪，字公嗣，先主子也。建安二十四年，先主爲漢中王，立爲王太子。及即尊號，册曰：『惟章武元年五月辛巳，皇帝若曰：太子禪，朕遭漢運艱難，賊臣篡盜，社稷無主，格人群正，以天明命，朕繼大統。今以禪爲皇太子，以承宗廟，祗肅社稷。使使持節丞相亮授印綬，敬聽師傅，行一物而三善皆得焉，可不勉與！』三年夏四月，先主殂于永安宮。五月，後主襲位於成都，時年十七。尊皇后曰皇太后。大赦，改元。是歲魏黄初四年也。

建興元年夏，牂牁太守朱褒擁郡反。先是，益州郡有大姓雍闓反，流太守張裔於吴，據郡不賓，越巂夷王高定亦背叛。是歲，立皇后張氏。遣尚書郎鄧芝固好於吴，吴王孫權與蜀和親使聘，是歲通好。

二年春，務農殖穀，閉關息民。

三年春三月，丞相亮南征四郡，四郡皆平。改益州郡爲建寧郡，分建寧、永昌郡爲雲南郡，又分建寧、牂牁爲興古郡。十二月，亮還成都。

四年春，都護李嚴自永安還住江州，築大城。

五年春，丞相亮出屯漢中，營沔北陽平石馬。

六年春，亮出攻祁山，不克。冬，復出散關，圍陳倉，糧盡退。魏將王雙率軍追亮，亮與戰，破之，斬雙，還漢中。

七年春，亮遣陳式攻武都、陰平，遂克定二郡。冬，亮徙府營於南山下原上，築漢、樂二城。是歲，孫權稱帝，與蜀約盟，共交分天下。

八年秋，魏使司馬懿由西城，張郃由子午，曹真由斜谷，欲攻漢中。丞相亮待之於城固、赤阪，大雨道絶，真等皆還。是歲，魏延破魏雍州刺史郭淮于陽谿。徙魯王永爲甘陵王，梁王理爲安平王，皆以魯、梁在吴分界故也。

九年春二月，亮復出軍圍祁山，始以木牛運。魏司馬懿、張郃救祁山。夏六月，亮糧盡退軍，郃追至青封，與亮交戰，被箭死。秋八月，都護李平廢徙梓潼郡。

十年，亮休士勸農於黄沙，作流馬木牛畢，教兵講武。

十一年冬，亮使諸軍運米，集於斜谷口，治斜谷邸閣。是歲，南夷劉胄反，將軍馬忠破平之。

十二年春二月，亮由斜谷出，始以流馬運。秋八月，亮卒于渭濱。征西大將軍魏延與丞相長史楊儀爭權不和，舉兵相攻，延敗走；斬延首，儀率諸軍還成都。大赦。以左將軍吴壹爲車騎將軍，假節督漢中。以丞相留府長史蔣琬爲尚書令，總統國事。

十三年春正月，中軍師楊儀廢徙漢嘉郡。夏四月，進蔣琬位爲大將軍。

十四年夏四月，後主至湔，登觀阪，看汶水之流，旬日還成都。徙武都氐王苻健及氐民四百餘

户於廣都。

十五年夏六月，皇后張氏薨。

延熙元年春正月，立皇后張氏。大赦，改元。立子璿爲太子，子瑶爲安定王。冬十一月，大將軍蔣琬出屯漢中。

二年春三月，進蔣琬位爲大司馬。

三年春，使越巂太守張嶷平定越巂郡。

四年冬十月，尚書令費禕至漢中，與蔣琬諮論事計，歲盡還。

五年春正月，監軍姜維督偏軍，自漢中還屯涪縣。

六年冬十月，大司馬蔣琬自漢中還，住涪。十一月，大赦。以尚書令費禕爲大將軍。

七年閏月，魏大將軍曹爽、夏侯玄等向漢中，鎮北大將軍王平拒興勢圍，大將軍費禕督諸軍往赴救，魏軍退。夏四月，安平王理卒。秋九月，禕還成都。

八年秋八月，皇太后薨。十二月，大將軍費禕至漢中，行圍守。

九年夏六月，費禕還成都。秋，大赦。冬十一月，大司馬蔣琬卒。

十年，涼州胡王白虎文、治無戴等率衆降，衛將軍姜維迎逆安撫，居之于繁縣。是歲，汶山平康夷反，維往討，破平之。

十一年夏五月，大將軍費禕出屯漢中。秋，涪陵屬國民夷反，車騎將軍鄧芝往討，皆破平之。

十二年春正月，魏誅大將軍曹爽等，右將軍夏侯霸來降。夏四月，大赦。秋，衛將軍姜維出攻雍州，不克而還。將軍句安、李韶降魏。

十三年，姜維復出西平，不克而還。

十四年夏，大將軍費禕還成都。冬，復北駐漢壽。大赦。

十五年，吴王孫權薨。立子琮爲西河王。

十六年春正月，大將軍費禕爲魏降人郭循所殺于漢壽。夏四月，衛將軍姜維復率衆圍南安，不克而還。

十七年春正月，姜維還成都。大赦。夏六月，維復率衆出隴西。冬，拔狄道、河關、臨洮三縣民，居于綿竹、繁縣。

十八年春，姜維還成都。夏，復率諸軍出狄道，與魏雍州刺史王經戰于洮西，大破之。經退保狄道城，維却住鍾題。

十九年春，進姜維位爲大將軍，督戎馬，與鎮西將軍胡濟期會上邽，濟失誓不至。秋八月，維爲魏大將軍鄧艾所破于上邽。維退軍還成都。是歲，立子瓚爲新平王。大赦。

二十年，聞魏大將軍諸葛誕據壽春以叛，姜維復率衆出駱谷，至芒水。是歲大赦。

景耀元年，姜維還成都。史官言景星見，於是大赦，改年。宦人黄皓始專政。吴大將軍孫綝廢其主亮，立琅邪王休。

二年夏六月，立子諶爲北地王，恂爲新興王，虔爲上黨王。

三年秋九月，追謚故將軍關羽、張飛、馬超、龐統、黃忠。

四年春三月，追謚故將軍趙雲。冬十月，大赦。

五年春正月，西河王琮卒。是歲，姜維復率衆出侯和，爲鄧艾所破，還住沓中。

六年夏，魏大興徒衆，命征西將軍鄧艾、鎮西將軍鍾會、雍州刺史諸葛緒數道並攻。於是遣左右車騎將軍張翼、廖化、輔國大將軍董厥等拒之。大赦。改元爲炎興。冬，鄧艾破衛將軍諸葛瞻於綿竹。用光祿大夫譙周策，降於艾，奉書曰：『限分江、漢，遇值深遠，階緣蜀土，斗絕一隅，干運犯冒，漸苒歷載，遂與京畿攸隔萬里。每惟黃初中，文皇帝命虎牙將軍鮮于輔，宣溫密之詔，申三好之恩，開示門户，大義炳然，而否德暗弱，竊貪遺緒，俛仰累紀，未率大教。天威既震，人鬼歸能之數，怖駭王師，神武所次，敢不革面，順以從命！輒敕群帥投戈釋甲，官府帑藏一無所毀。百姓布野，餘糧栖畝，以俟后來之惠，全元元之命。伏惟大魏布德施化，宰輔伊、周，含覆藏疾。謹遣私署侍中張紹、光祿大夫譙周、駙馬都尉鄧良奉齎印綬，請命告誠，敬輸忠款，存亡敕賜，惟所裁之。輿櫬在近，不復縷陳。』是日，北地王諶傷國之亡，先殺妻子，次以自殺。紹、良與艾相遇於雒縣。艾得書，大喜，即報書，遣紹、良先還。艾至城北，後主輿櫬自縛，詣軍壘門。艾解縛焚櫬，延請相見。因承制拜後主爲驃騎將軍。諸圍守悉被後主敕，然後降下。艾使後主止其故宮，身往造焉。資嚴未發，明年春正月，艾見收。鍾會自涪至成都作亂。會既死，蜀中軍衆鈔略，死喪狼籍，數日乃安集。

後主舉家東遷，既至洛陽，策命之曰：『惟景元五年三月丁亥，皇帝臨軒，使太常嘉命劉禪爲安樂縣公。於戲，其進聽朕命！蓋統天載物，以咸寧爲大，光宅天下，以時雍爲盛。故孕育群生者，君人之道也，乃順承天者，坤元之義也。上下交暢，然後萬物協和，庶類獲乂。乃者漢氏失統，六合震擾。我太祖承運龍興，弘濟八極，是用應天順民，撫有區夏。于時乃考因群傑虎爭，九服不靜，乘間阻遠，保據庸蜀，遂使西隅殊封，方外壅隔。自是以來，干戈不戢，元元之民，不得保安其性，幾將五紀。朕永惟祖考遺志，思在綏緝四海，率土同軌，故爰整六師，耀威梁、益。公恢崇德度，深秉大正，不憚屈身委質，以愛民全國爲貴，降心回慮，應機豹變，履言思順，以享左右無疆之休，豈不遠歟！朕嘉與君公長饗顯祿，用考咨前訓，開國胙土，率遵舊典，錫兹玄牡，苴以白茅，永爲魏藩輔，往欽哉！公其祗服朕命，克廣德心，以終乃顯烈。』食邑萬户，賜絹萬匹，奴婢百人，他物稱是。子孫爲三都尉封侯者五十餘人。尚書令樊建、侍中張紹、光祿大夫譙周、秘書令郤正、殿中督張通並封列侯。公泰始七年薨於洛陽。

評曰：後主任賢相則爲循理之君，惑閹豎則爲昏闇之后，傳曰『素絲無常，唯所染之』，信矣哉！禮，國君繼體，逾年改元，而章武之三年，則革稱建興，考之古義，體理爲違。又國不置史，注記無官，是以行事多遺，災異靡書。諸葛亮雖達於爲政，凡此之類，猶有未周焉。然經載十二而年名不易，軍旅屢興而赦不妄下，不亦卓乎！自亮没後，兹制漸虧，優劣著矣。

三國志卷三十四

蜀書四

二主妃子傳第四

先主甘皇后，沛人也。先主臨豫州，住小沛，納以爲妾。先主數喪嫡室，常攝内事。隨先主於荆州，産後主。值曹公軍至，追及先主於當陽長阪，于時困偪，棄后及後主，賴趙雲保護，得免於難。后卒，葬于南郡。章武二年，追謚皇思夫人，遷葬於蜀，未至而先主殂隕。丞相亮上言：『皇思夫人履行脩仁，淑慎其身。大行皇帝昔在上將，嬪妃作合，載育聖躬，大命不融。大行皇帝存時，篤義垂恩，念皇思夫人神柩在遠飄颻，特遣使者奉迎。會大行皇帝崩，今皇思夫人神柩以到，又梓宫在道，園陵將成，安厝有期。臣輒與太常臣賴恭等議：《禮記》曰：「立愛自親始，教民孝也；立敬自長始，教民順也。」不忘其親，所由生也。《春秋》之義，母以子貴。昔高皇帝追尊太上昭靈夫人爲昭靈皇后，孝和皇帝改葬其母梁貴人，尊號曰恭懷皇后，孝愍皇帝亦改葬其母王夫人，尊號曰靈懷皇后。今皇思夫人宜有尊號，以慰寒泉之思，輒與恭等案謚法，宜曰昭烈皇后。《詩》曰：「穀則異室，死則同穴。」故昭烈皇后宜與大行皇帝合葬，臣請太尉告宗廟，布露天下，具禮儀别奏。』制曰可。

先主穆皇后，陳留人也。兄吴壹，少孤，壹父素與劉焉有舊，是以舉家隨焉入蜀。焉有異志，而聞善相者相后當大貴。焉時將子瑁自隨，遂爲瑁納后。瑁死，后寡居。先主既定益州，而孫夫人還吴，群下勸先主聘后，先主疑與瑁同族，法正進曰：『論其親疏，何與晉文之於子圉乎？』於是納后爲夫人。建安二十四年，立爲漢中王后。章武元年夏五月，策曰：『朕承天命，奉至尊，臨萬國。今

以后爲皇后，遣使持節丞相亮授璽綬，承宗廟，母天下，皇后其敬之哉！』建興元年五月，後主即位，尊后爲皇太后，稱長樂宫。壹官至車騎將軍，封縣侯。延熙八年，后薨，合葬惠陵。

後主敬哀皇后，車騎將軍張飛長女也。章武元年，納爲太子妃。建興元年，立爲皇后。十五年薨，葬南陵。

後主張皇后，前后敬哀之妹也。建興十五年，入爲貴人。延熙元年春正月，策曰：『朕統承大業，君臨天下，奉郊廟社稷。今以貴人爲皇后，使行丞相事左將軍向朗持節授璽綬。勉脩中饋，恪肅禋祀，皇后其敬之哉！』咸熙元年，隨後主遷于洛陽。

劉永字公壽，先主子，後主庶弟也。章武元年六月，使司徒靖立永爲魯王，策曰：『小子永，受兹青土。朕承天序，繼統大業，遵脩稽古，建爾國家，封于東土，奄有龜蒙，世爲藩輔。嗚呼，恭朕之詔！惟彼魯邦，一變適道，風化存焉。人之好德，世兹懿美。王其秉心率禮，綏爾士民，是饗是宜，其戒之哉！』建興八年，改封爲甘陵王。初，永憎宦人黄皓，皓既信任用事，譖構永于後主，後主稍疏外永，至不得朝見者十餘年。咸熙元年，永東遷洛陽，拜奉車都尉，封爲鄉侯。

劉理字奉孝，亦後主庶弟也，與永異母。章武元年六月，使司徒靖立理爲梁王，策曰：『小子理，朕統承漢序，祗順天命，遵脩典秩，建爾于東，爲漢藩輔。惟彼梁土，畿甸之邦，民狎教化，易導以禮。往悉乃心，懷保黎庶，以永爾國，王其敬之哉！』建興八年，改封理爲安平王。延熙七年卒，

謚曰悼王。子哀王胤嗣，十九年卒。子殤王承嗣，二十年卒。景耀四年詔曰：『安平王，先帝所命。三世早夭，國嗣頹絶，朕用傷悼。其以武邑侯輯襲王位。』輯，理子也，咸熙元年，東遷洛陽，拜奉車都尉，封鄉侯。

後主太子璿，字文衡。母王貴人，本敬哀張皇后侍人也。延熙元年正月策曰：『在昔帝王，繼體立嗣，副貳國統，古今常道。今以璿爲皇太子，昭顯祖宗之威，命使行丞相事左將軍朗持節授印綬。其勉脩茂質，祗恪道義，諮詢典禮，敬友師傅，斟酌衆善，翼成爾德，可不務脩以自勖哉！』時年十五。景耀六年冬，蜀亡。咸熙元年正月，鍾會作亂於成都，璿爲亂兵所害。

評曰：《易》稱有夫婦然後有父子，夫人倫之始，恩紀之隆，莫尚於此矣。是故紀録，以究一國之體焉。

三國志卷三十五

蜀書五

諸葛亮傳第五

諸葛亮字孔明，琅邪陽都人也。漢司隸校尉諸葛豐後也。父珪，字君貢，漢末爲太山郡丞。亮早孤，從父玄爲袁術所署豫章太守，玄將亮及亮弟均之官。會漢朝更選朱皓代玄。玄素與荊州牧劉表有舊，往依之。玄卒，亮躬耕隴畝，好爲《梁父吟》。身長八尺，每自比於管仲、樂毅，時人莫之許也。惟博陵崔州平、潁川徐庶元直與亮友善，謂爲信然。

時先主屯新野。徐庶見先主，先主器之，謂先主曰：『諸葛孔明者，卧龍也，將軍豈願見之乎？』先主曰：『君與俱來。』庶曰：『此人可就見，不可屈致也。將軍宜枉駕顧之。』由是先主遂詣亮，凡三往，乃見。因屏人曰：『漢室傾頹，奸臣竊命，主上蒙塵。孤不度德量力，欲信大義於天下，而智術短淺，遂用猖蹶，至于今日。然志猶未已，君謂計將安出？』亮答曰：『自董卓已來，豪傑並起，跨州連郡者不可勝數。曹操比於袁紹，則名微而衆寡，然操遂能克紹，以弱爲强者，非惟天時，抑亦人謀也。今操已擁百萬之衆，挾天子而令諸侯，此誠不可與爭鋒。孫權據有江東，已歷三世，國險而民附，賢能爲之用，此可以爲援而不可圖也。荊州北據漢、沔，利盡南海，東連吴會，西通巴、蜀，此用武之國，而其主不能守，此殆天所以資將軍，將軍豈有意乎？益州險塞，沃野千里，天府之土，高祖因之以成帝業。劉璋闇弱，張魯在北，民殷國富而不知存恤，智能之士思得明君。將軍既帝室之胄，信義著於四海，總攬英雄，思賢如渴，若跨有荊、益，保其岩阻，西和諸戎，南撫夷越，外結好孫權，內脩政理；天下有變，則命一上將將荊州之軍以向宛、洛，將軍身率益州之衆出於秦川，百姓孰敢不簞食壺漿以迎將軍者乎？誠如是，則霸業可成，漢室可興矣。』先主曰：『善！』於是與亮情好日密。關羽、張飛等不悦，先主解之曰：『孤之有孔明，猶魚之有水也。願諸君勿復言。』羽、飛乃止。

劉表長子琦，亦深器亮。表受後妻之言，愛少子琮，不悦於琦。琦每欲與亮謀自安之術，亮輒拒塞，未與處畫。琦乃將亮游觀後園，共上高樓，飲宴之間，令人去梯，因謂亮曰：『今日上不至天，下不至地，言出子口，入於吾耳，可以言未？』亮答曰：『君不見申生在內而危，重耳在外而安乎？』琦意感悟，陰規出計。會黃祖死，得出，遂爲江夏太守。俄而表卒，琮聞曹公來征，遣使請降。先主在樊聞之，率其衆南行，亮與徐庶並從，爲曹公所追破，獲庶母。庶辭先主而指其心曰：『本欲與將軍共圖王霸之業者，以此方寸之地也。今已失老母，方寸亂矣，無益於事，請從此別。』遂詣曹公。

先主至於夏口，亮曰：『事急矣，請奉命求救於孫將軍。』時權擁軍在柴桑，觀望成敗，亮說權曰：『海內大亂，將軍起兵據有江東，劉豫州亦收衆漢南，與曹操並爭天下。今操芟夷大難，略已平矣，遂破荊州，威震四海。英雄無所用武，故豫州遁逃至此。將軍量力而處之：若能以吴、越之衆與中國抗衡，不如早與之絕；若不能當，何不案兵束甲，北面而事之！今將軍外托服從之名，而內懷猶豫之計，事急而不斷，禍至無日矣！』權曰：『苟如君言，劉豫州何不遂事之乎？』亮曰：

『田横，齊之壯士耳，猶守義不辱，況劉豫州王室之胄，英才蓋世，衆士慕仰，若水之歸海，若事之不濟，此乃天也，安能復爲之下乎！』權勃然曰：『吾不能舉全吴之地，十萬之衆，受制於人。吾計決矣！非劉豫州莫可以當曹操者，然豫州新敗之後，安能抗此難乎？』亮曰：『豫州軍雖敗於長阪，今戰士還者及關羽水軍精甲萬人，劉琦合江夏戰士亦不下萬人。曹操之衆，遠來疲弊，聞追豫州，輕騎一日一夜行三百餘里，此所謂「强弩之末，勢不能穿魯縞」者也。故兵法忌之，曰「必蹶上將軍」。且北方之人，不習水戰；又荆州之民附操者，偪兵勢耳，非心服也。今將軍誠能命猛將統兵數萬，與豫州協規同力，破操軍必矣。操軍破，必北還，如此則荆、吴之勢强，鼎足之形成矣。成敗之機，在於今日。』權大悦，即遣周瑜、程普、魯肅等水軍三萬，隨亮詣先主，并力拒曹公。曹公敗於赤壁，引軍歸鄴。先主遂收江南，以亮爲軍師中郎將，使督零陵、桂陽、長沙三郡，調其賦税，以充軍實。

建安十六年，益州牧劉璋遣法正迎先主，使擊張魯。亮與關羽鎮荆州。先主自葭萌還攻璋，亮與張飛、趙雲等率衆泝江，分定郡縣，與先主共圍成都。成都平，以亮爲軍師將軍，署左將軍府事。先主外出，亮常鎮守成都，足食足兵。二十六年，群下勸先主稱尊號，先主未許，亮説曰：『昔吴漢、耿弇等初勸世祖即帝位，世祖辭讓，前後數四，耿純進言曰：「天下英雄喁喁，冀有所望。如不從議者，士大夫各歸求主，無爲從公也。」世祖感純言深至，遂然諾之。今曹氏篡漢，天下無主，大王劉氏苗族，紹世而起，今即帝位，乃其宜也。士大夫隨大王久勤苦者，亦欲望尺寸之功如純言耳。』先主於是即帝位，策亮爲丞相曰：『朕遭家不造，奉承大統，兢兢業業，不敢康寧，思靖百姓，懼未能綏。於戲！丞相亮其悉朕意，無怠輔朕之闕，助宣重光，以照明天下，君其勖哉！』亮以丞相録尚書事，假節。張飛卒後，領司隸校尉。

章武三年春，先主於永安病篤，召亮於成都，屬以後事，謂亮曰：『君才十倍曹丕，必能安國，終定大事。若嗣子可輔，輔之；如其不才，君可自取。』亮涕泣曰：『臣敢竭股肱之力，效忠貞之節，繼之以死！』先主又爲詔敕後主曰：『汝與丞相從事，事之如父。』建興元年，封亮武鄉侯，開府治事。頃之，又領益州牧。政事無巨細，咸決於亮。南中諸郡，並皆叛亂，亮以新遭大喪，故未便加兵，且遣使聘吴，因結和親，遂爲與國。

三年春，亮率衆南征，其秋悉平。軍資所出，國以富饒，乃治戎講武，以俟大舉。五年，率諸軍北駐漢中，臨發，上疏曰：

先帝創業未半而中道崩殂，今天下三分，益州疲弊，此誠危急存亡之秋也。然侍衛之臣不懈於内，忠志之士忘身於外者，蓋追先帝之殊遇，欲報之於陛下也。誠宜開張聖聽，以光先帝遺德，恢弘志士之氣，不宜妄自菲薄，引喻失義，以塞忠諫之路也。宫中府中俱爲一體，陟罰臧否，不宜異同。若有作奸犯科及爲忠善者，宜付有司論其刑賞，以昭陛下平明之理，不宜偏私，使内外異法也。侍中、侍郎郭攸之、費禕、董允等，此皆良實，志慮忠純，是以先帝簡拔以遺陛下。愚以爲宫中之事，事無大小，悉以咨之，然後施行，必能裨補闕漏，有所廣益。將軍向寵，性行淑均，曉暢軍事，試用於昔日，先帝稱之曰能，是以衆議舉寵爲督。愚以爲營中之事，悉以咨之，必能使行陣和睦，優劣得所。

親賢臣，遠小人，此先漢所以興隆也；親小人，遠賢臣，此後漢所以傾頹也。先帝在時，每與臣論此事，未嘗不嘆息痛恨於桓、靈也。侍中、尚書、長史、參軍，此悉貞良死節之臣，願陛下親之信之，則漢室之隆，可計日而待也。

臣本布衣，躬耕於南陽，苟全性命於亂世，不求聞達於諸侯。先帝不以臣卑鄙，猥自枉屈，三顧臣於草廬之中，諮臣以當世之事，由是感激，遂許先帝以驅馳。後值傾覆，受任於敗軍之際，奉命於危難之間，爾來二十有一年矣。先帝知臣謹慎，故臨崩寄臣以大事也。受命以來，夙夜憂嘆，恐托付不效，以傷先帝之明，故五月渡瀘，深入不毛。今南方已定，兵甲已足，當獎率三軍，北定中原，庶竭駑鈍，攘除奸凶，興復漢室，還于舊都。此臣所以報先帝，而忠陛下之職分也。

至於斟酌損益，進盡忠言，則攸之、禕、允之任也。願陛下托臣以討賊興復之效；不效，則治臣之罪，以告先帝之靈。若無興德之言，則責攸之、禕、允等之慢，以彰其咎。陛下亦宜自謀，以諮諏善道，察納雅言，深追先帝遺詔。臣不勝受恩感激。今當遠離，臨表涕零，不知所言。

遂行，屯于沔陽。

六年春，揚聲由斜谷道取郿，使趙雲、鄧芝爲疑軍，據箕谷，魏大將軍曹真舉衆拒之。亮身率諸軍攻祁山，戎陳整齊，賞罰肅而號令明，南安、天水、安定三郡叛魏應亮，關中響震。魏明帝西鎮長安，命張郃拒亮，亮使馬謖督諸軍在前，與郃戰于街亭。謖違亮節度，舉動失宜，大爲郃所破。亮拔西縣千餘家，還于漢中，戮謖以謝衆。上疏曰：『臣以弱才，叨竊非據，親秉旄鉞以厲三軍，不能訓章明法，臨事而懼，至有街亭違命之闕，箕谷不戒之失，咎皆在臣授任無方。臣明不知人，恤事多闇，《春秋》責帥，臣職是當。請自貶三等，以督厥咎。』於是以亮爲右將軍，行丞相事，所總統如前。

冬，亮復出散關，圍陳倉，曹真拒之，亮糧盡而還。魏將王雙率騎追亮，亮與戰，破之，斬雙。七年，亮遣陳式攻武都、陰平。魏雍州刺史郭淮率衆欲擊式，亮自出至建威，淮退還，遂平二郡。詔策亮曰：『街亭之役，咎由馬謖，而君引愆，深自貶抑，重違君意，聽順所守。前年耀師，馘斬王雙；今歲爰征，郭淮遁走；降集氐、羌，興復二郡，威鎮凶暴，功勳顯然。方今天下騷擾，元惡未梟，君受大任，幹國之重，而久自挹損，非所以光揚洪烈矣。今復君丞相，君其勿辭。』

九年，亮復出祁山，以木牛運，糧盡退軍，與魏將張郃交戰，射殺郃。十二年春，亮悉大衆由斜谷出，以流馬運，據武功五丈原，與司馬宣王對於渭南。亮每患糧不繼，使己志不申，是以分兵屯田，爲久駐之基。耕者雜於渭濱居民之間，而百姓安堵，軍無私焉。相持百餘日。其年八月，亮疾病，卒于軍，時年五十四。及軍退，宣王案行其營壘處所，曰：『天下奇才也！』

亮遺命葬漢中定軍山，因山爲墳，冢足容棺，斂以時服，不須器物。詔策曰：『惟君體資文武，明叡篤誠，受遺托孤，匡輔朕躬，繼絕興微，志存靖亂；爰整六師，無歲不征，神武赫然，威鎮八荒，將建殊功於季漢，參伊、周之巨勳。如何不吊，事臨垂克，遘疾隕喪！朕用傷悼，肝心若裂。夫崇德序功，紀行命謚，所以光昭將來，刊載不朽。今使使持節左中郎將杜瓊，贈君丞相武鄉侯印綬，謚

君爲忠武侯。魂而有靈，嘉茲寵榮。嗚呼哀哉！嗚呼哀哉！」

初，亮自表後主曰：「成都有桑八百株，薄田十五頃，子弟衣食，自有餘饒。至於臣在外任，無別調度，隨身衣食，悉仰於官，不別治生，以長尺寸。若臣死之日，不使內有餘帛，外有贏財，以負陛下。」及卒，如其所言。

亮性長於巧思，損益連弩，木牛流馬，皆出其意；推演兵法，作八陣圖，咸得其要云。亮言教書奏多可觀，別爲一集。

景耀六年春，詔爲亮立廟於沔陽。秋，魏鎮西將軍鍾會征蜀，至漢川，祭亮之廟，令軍士不得於亮墓所左右芻牧樵採。亮弟均，官至長水校尉。亮子瞻，嗣爵。

諸葛氏集目錄

開府作牧第一	權制第二	南征第三	北出第四
計算第五	訓厲第六	綜覈上第七	綜覈下第八
雜言上第九	雜言下第十	貴和第十一	兵要第十二
傳運第十三	與孫權書第十四	與諸葛瑾書第十五	與孟達書第十六
廢李平第十七	法檢上第十八	法檢下第十九	科令上第二十
科令下第二十一	軍令上第二十二	軍令中第二十三	軍令下第二十四

右二十四篇，凡十萬四千一百一十二字。

臣壽等言：臣前在著作郎，侍中領中書監濟北侯臣荀勖、中書令關內侯臣和嶠奏，使臣定故蜀丞相諸葛亮故事。亮毗佐危國，負阻不賓，然猶存錄其言，恥善有遺，誠是大晉光明至德，澤被無疆，自古以來，未之有倫也。輒刪除複重，隨類相從，凡爲二十四篇，篇名如右。

亮少有逸群之才，英霸之器，身長八尺，容貌甚偉，時人異焉。遭漢末擾亂，隨叔父玄避難荊州，躬耕于野，不求聞達。時左將軍劉備以亮有殊量，乃三顧亮於草廬之中；亮深謂備雄姿傑出，遂解帶寫誠，厚相結納。及魏武帝南征荊州，劉琮舉州委質，而備失勢衆寡，無立錐之地。亮時年二十七，乃建奇策，身使孫權，求援吳會。權既宿服仰備，又睹亮奇雅，甚敬重之，即遣兵三萬人以助備。備得用與武帝交戰，大破其軍，乘勝克捷，江南悉平。後備又西取益州。益州既定，以亮爲軍師將軍。備稱尊號，拜亮爲丞相，錄尚書事。及備殂沒，嗣子幼弱，事無巨細，亮皆專之。於是外連東吳，內平南越，立法施度，整理戎旅，工械技巧，物究其極，科教嚴明，賞罰必信，無惡不懲，無善不顯，至於吏不容奸，人懷自厲，道不拾遺，强不侵弱，風化肅然也。

當此之時，亮之素志，進欲龍驤虎視，苞括四海，退欲跨陵邊疆，震蕩宇內。又自以爲無身之日，則未有能蹈涉中原、抗衡上國者，是以用兵不戢，屢耀其武。然亮才，於治戎爲長，奇謀爲短，理民之幹，優於將略。而所與對敵，或值人傑，加衆寡不侔，攻守異體，故雖連年動衆，未能有克。昔蕭何薦韓信，管仲舉王子城父，皆忖己之長，未能兼有故也。亮之器能政理，抑亦管、蕭之亞匹也，而時之名將無城父、韓信，故使功業陵遲，大義不及邪？蓋天命有歸，不可以智力爭也。

青龍二年春，亮帥衆出武功，分兵屯田，爲久駐之基。其秋病卒，黎庶追思，以爲口實。至今梁、益之民，咨述亮者，言猶在耳，雖《甘棠》之咏召公，鄭人之歌子產，無以遠譬也。孟軻有云：『以逸道使民，雖勞不怨；以生道殺人，雖死不忿。』信矣！論者或怪亮文彩不艷，而過於丁寧周至。臣愚以爲咎繇大賢也，周公聖人也，考之《尚書》，咎繇之謨略而雅，周公之誥煩而悉。何則？咎繇與舜、禹共談，周公與群下矢誓故也。亮所與言，盡衆人凡士，故其文指不得及遠也。然其聲教遺言，皆經事綜物，公誠之心，形于文墨，足以知其人之意理，而有補於當世。

伏惟陛下邁蹤古聖，蕩然無忌，故雖敵國誹謗之言，咸肆其辭而無所革諱，所以明大通之道也。謹録寫上詣著作。臣壽誠惶誠恐，頓首頓首，死罪死罪。泰始十年二月一日癸巳，平陽侯相臣陳壽上。

喬字伯松，亮兄瑾之第二子也，本字仲慎。與兄元遜俱有名於時，論者以爲喬才不及兄，而性業過之。初，亮未有子，求喬爲嗣，瑾啓孫權遣喬來西，亮以喬爲己適子，故易其字焉。拜爲駙馬都尉，隨亮至漢中。年二十五，建興六年卒。子攀，官至行護軍翊武將軍，亦早卒。諸葛恪見誅於吳，子孫皆盡，而亮自有胄裔，故攀還復爲瑾後。

瞻字思遠。建興十二年，亮出武功，與兄瑾書曰：『瞻今已八歲，聰慧可愛，嫌其早成，恐不爲重器耳。』年十七，尚公主，拜騎都尉。其明年爲羽林中郎將，屢遷射聲校尉、侍中、尚書僕射，加軍師將軍。瞻工書畫，强識念，蜀人追思亮，咸愛其才敏。每朝廷有一善政佳事，雖非瞻所建倡，百姓皆傳相告曰：『葛侯之所爲也。』是以美聲溢譽，有過其實。景耀四年，爲行都護衛將軍，與輔國大將軍南鄉侯董厥並平尚書事。六年冬，魏征西將軍鄧艾伐蜀，自陰平由景谷道旁入。瞻督諸軍至涪停住，前鋒破，退還，住綿竹。艾遣書誘瞻曰：『若降者必表爲琅邪王。』瞻怒，斬艾使。遂戰，大敗，臨陳死，時年三十七。衆皆離散，艾長驅至成都。瞻長子尚，與瞻俱没。次子京及攀子顯等，咸熙元年内移河東。

董厥者，丞相亮時爲府令史，亮稱之曰：『董令史，良士也。吾每與之言，思慎宜適。』徙爲主簿。亮卒後，稍遷至尚書僕射，代陳祗爲尚書令，遷大將軍，平臺事，而義陽樊建代焉。延熙十四年，以校尉使吳，值孫權病篤，不自見建。權問諸葛恪曰：『樊建何如宗預也？』恪對曰：『才識不及預，而雅性過之。』後爲侍中，守尚書令。自瞻、厥、建統事，姜維常征伐在外，宦人黄皓竊弄機柄，咸共將護，無能匡矯，然建特不與皓和好往來。蜀破之明年春，厥、建俱詣京都，同爲相國參軍，其秋並兼散騎常侍，使蜀慰勞。

評曰：諸葛亮之爲相國也，撫百姓，示儀軌，約官職，從權制，開誠心，布公道；盡忠益時者雖讎必賞，犯法怠慢者雖親必罰，服罪輸情者雖重必釋，游辭巧飾者雖輕必戮；善無微而不賞，惡無纖而不貶；庶事精練，物理其本，循名責實，虚僞不齒；終於邦域之内，咸畏而愛之，刑政雖峻而無怨者，以其用心平而勸戒明也。可謂識治之良才，管、蕭之亞匹矣。然連年動衆，未能成功，蓋應變將略，非其所長歟！

三國志卷三十六

蜀書六

關張馬黃趙傳第六

關羽字雲長，本字長生，河東解人也。亡命奔涿郡。先主於鄉里合徒衆，而羽與張飛爲之禦侮。先主爲平原相，以羽、飛爲別部司馬，分統部曲。先主與二人寢則同床，恩若兄弟。而稠人廣坐，侍立終日，隨先主周旋，不避艱險。先主之襲殺徐州刺史車冑，使羽守下邳城，行太守事，而身還小沛。

建安五年，曹公東征，先主奔袁紹。曹公禽羽以歸，拜爲偏將軍，禮之甚厚。紹遣大將顏良攻東郡太守劉延於白馬，曹公使張遼及羽爲先鋒擊之。羽望見良麾蓋，策馬刺良於萬衆之中，斬其首還，紹諸將莫能當者，遂解白馬圍。曹公即表封羽爲漢壽亭侯。初，曹公壯羽爲人，而察其心神無久留之意，謂張遼曰：『卿試以情問之。』既而遼以問羽，羽歎曰：『吾極知曹公待我厚，然吾受劉將軍厚恩，誓以共死，不可背之。吾終不留，吾要當立效以報曹公乃去。』遼以羽言報曹公，曹公義之。及羽殺顏良，曹公知其必去，重加賞賜。羽盡封其所賜，拜書告辭，而奔先主於袁軍。左右欲追之，曹公曰：『彼各爲其主，勿追也。』

從先主就劉表。表卒，曹公定荊州，先主自樊將南渡江，別遣羽乘船數百艘會江陵。曹公追至當陽長阪，先主斜趣漢津，適與羽船相值，共至夏口。孫權遣兵佐先主拒曹公，曹公引軍退歸。先主收江南諸郡，乃封拜元勳，以羽爲襄陽太守、盪寇將軍，駐江北。先主西定益州，拜羽董督荊州事。

羽聞馬超來降，舊非故人，羽書與諸葛亮，問超人才可誰比類。亮知羽護前，乃答之曰：『孟起兼資文武，雄烈過人，一世之傑，黥、彭之徒，當與益德並驅爭先，猶未及髯之絕倫逸群也。』羽美鬚髯，故亮謂之髯。羽省書大悅，以示賓客。

羽嘗爲流矢所中，貫其左臂，後創雖愈，每至陰雨，骨常疼痛，醫曰：『矢鏃有毒，毒入于骨，當破臂作創，刮骨去毒，然後此患乃除耳。』羽便伸臂令醫劈之。時羽適請諸將飲食相對，臂血流離，盈於盤器，而羽割炙引酒，言笑自若。

二十四年，先主爲漢中王，拜羽爲前將軍，假節鉞。是歲，羽率衆攻曹仁於樊。曹公遣于禁助仁。秋，大霖雨，漢水泛溢，禁所督七軍皆沒。禁降羽，羽又斬將軍龐悳。梁、郟、陸渾群盜或遙受羽印號，爲之支黨，羽威震華夏。曹公議徙許都以避其銳，司馬宣王、蔣濟以爲關羽得志，孫權必不願也。可遣人勸權躡其後，許割江南以封權，則樊圍自解。曹公從之。先是，權遣使爲子索羽女，羽罵辱其使，不許婚，權大怒。又南郡太守麋芳在江陵，將軍士仁屯公安，素皆嫌羽輕己。自羽之出軍，芳、仁供給軍資，不悉相救。羽言『還當治之』，芳、仁咸懷懼不安。於是權陰誘芳、仁，芳、仁使人迎權。而曹公遣徐晃救曹仁，羽不能克，引軍退還。權已據江陵，盡虜羽士衆妻子，羽軍遂散。權遣將逆擊羽，斬羽及子平于臨沮。

追謚羽曰壯繆侯。子興嗣。興字安國，少有令問，丞相諸葛亮深器異之。弱冠爲侍中、中監軍，數歲卒。子統嗣，尚公主，官至虎賁中郎將。卒，無子，以興庶子彝續封。

昔蕭何薦韓信，管仲舉王子城父，皆忖己之長，未能兼有故也。亮之器能政理，抑亦管、蕭之亞匹也，而時之名將無城父、韓信，故使功業陵遲，大義不及邪！蓋天命有歸，不可以智力爭也。青龍二年春，亮帥眾出武功，分兵屯田，為久駐之基。其秋病卒，黎庶追思，以為口實。至今梁、益之民，咨述亮者，言猶在耳，雖《甘棠》之詠召公，鄭人之歌子產，無以遠譬也。孟軻有云：「以逸道使民，雖勞不怨；以生道殺人，雖死不忿。」信矣！論者或怪亮文彩不豔，而過於丁寧周至。臣愚以為咎繇大賢也，周公聖人也，考之尚書，咎繇之謨略而雅，周公之誥煩而悉。何則？咎繇與舜、禹共談，周公與群下矢誓故也。亮所與言，盡眾人凡士，故其文指不得及遠也。然其聲教遺言，皆經事綜物，公誠之心，形於文墨，足以知其人之意理，而有補於當世。伏惟陛下邁蹤古聖，蕩然無忌，故雖敵國誹謗之言，咸肆其辭而無所革諱，所以明大通之道也。謹錄寫上詣著作。臣壽誠惶誠恐，頓首頓首，死罪死罪。泰始十年二月一日癸巳，平陽侯相臣陳壽上。

評曰：諸葛亮之為相國也，撫百姓，示儀軌，約官職，從權制，開誠心，布公道；盡忠益時者雖讎必賞，犯法怠慢者雖親必罰，服罪輸情者雖重必釋，游辭巧飾者雖輕必戮；善無微而不賞，惡無纖而不貶；庶事精練，物理其本，循名責實，虛偽不齒；終於邦域之內，咸畏而愛之，刑政雖峻而無怨者，以其用心平而勸戒明也。可謂識治之良才，管、蕭之亞匹矣。然連年動眾，未能成功，蓋應變將略，非其所長歟！

三國志卷三十六

蜀書六

關張馬黃趙傳第六

關羽字雲長，本字長生，河東解人也。亡命奔涿郡。先主於鄉里合徒眾，而羽與張飛為之禦侮。先主為平原相，以羽、飛為別部司馬，分統部曲。先主與二人寢則同床，恩若兄弟。而稠人廣坐，侍立終日，隨先主周旋，不避艱險。先主之襲殺徐州刺史車冑，使羽守下邳城，行太守事，而身還小沛。

建安五年，曹公東征，先主奔袁紹。曹公禽羽以歸，拜為偏將軍，禮之甚厚。紹遣大將顏良攻東郡太守劉延於白馬，曹公使張遼及羽為先鋒擊之。羽望見良麾蓋，策馬刺良於萬眾之中，斬其首還，紹諸將莫能當者，遂解白馬圍。曹公即表封羽為漢壽亭侯。

初，曹公壯羽為人，而察其心神無久留之意，謂張遼曰：「卿試以情問之。」既而遼以問羽，羽歎曰：「吾極知曹公待我厚，然吾受劉將軍厚恩，誓以共死，不可背之。吾終不留，吾要當立效以報曹公乃去。」遼以羽言報曹公，曹公義之。及羽殺顏良，曹公知其必去，重加賞賜。羽盡封其所賜，拜書告辭，而奔先主於袁軍。左右欲追之，曹公曰：「彼各為其主，勿追也。」

張飛字益德，涿郡人也，少與關羽俱事先主。羽年長數歲，飛兄事之。先主從曹公破呂布，隨還許，曹公拜飛爲中郎將。先主背曹公依袁紹、劉表。表卒，曹公入荆州，先主奔江南。曹公追之，一日一夜，及於當陽之長阪。先主聞曹公卒至，棄妻子走，使飛將二十騎拒後。飛據水斷橋，瞋目横矛曰：『身是張益德也，可來共決死！』敵皆無敢近者，故遂得免。先主既定江南，以飛爲宜都太守、征虜將軍，封新亭侯，後轉在南郡。先主入益州，還攻劉璋，飛與諸葛亮等溯流而上，分定郡縣。至江州，破璋將巴郡太守嚴顔，生獲顔。飛呵顔曰：『大軍至，何以不降而敢拒戰？』顔答曰：『卿等無狀，侵奪我州，我州但有斷頭將軍，無有降將軍也。』飛怒，令左右牽去斫頭，顔色不變，曰：『斫頭便斫頭，何爲怒邪！』飛壯而釋之，引爲賓客。飛所過戰克，與先主會于成都。益州既平，賜諸葛亮、法正、飛及關羽金各五百斤，銀千斤，錢五千萬，錦千匹，其餘頒賜各有差，以飛領巴西太守。

曹公破張魯，留夏侯淵、張郃守漢川。郃别督諸軍下巴西，欲徙其民於漢中，進軍宕渠、蒙頭、盪石，與飛相拒五十餘日。飛率精卒萬餘人，從他道邀郃軍交戰，山道迮狹，前後不得相救，飛遂破郃。郃棄馬緣山，獨與麾下十餘人從間道退，引軍還南鄭，巴土獲安。先主爲漢中王，拜飛爲右將軍、假節。章武元年，遷車騎將軍，領司隸校尉，進封西鄉侯，策曰：『朕承天序，嗣奉洪業，除殘靖亂，未燭厥理。今寇虜作害，民被荼毒，思漢之士，延頸鶴望。朕用怛然，坐不安席，食不甘味，整軍誥誓，將行天罰。以君忠毅，侔蹤召虎，名宣遐邇，故特顯命，高墉進爵，兼司于京。其誕將天威，柔服以德，伐叛以刑，稱朕意焉。《詩》不云乎，「匪疚匪棘，王國來極。肇敏戎功，用錫爾祉」。可不勉歟！』

初，飛雄壯威猛，亞於關羽，魏謀臣程昱等咸稱羽、飛萬人之敵也。羽善待卒伍而驕於士大夫，飛愛敬君子而不恤小人。先主常戒之曰：『卿刑殺既過差，又日鞭撾健兒，而令在左右，此取禍之道也。』飛猶不悛。先主伐吴，飛當率兵萬人，自閬中會江州。臨發，其帳下將張達、范彊殺飛，持其首，順流而奔孫權。飛營都督表報先主，先主聞飛都督之有表也，曰：『噫！飛死矣。』追謚飛曰桓侯。長子苞，早夭。次子紹嗣，官至侍中尚書僕射。苞子遵爲尚書，隨諸葛瞻於綿竹，與鄧艾戰，死。

馬超字孟起，扶風茂陵人也。父騰，靈帝末與邊章、韓遂等俱起事於西州。初平三年，遂、騰率衆詣長安。漢朝以遂爲鎮西將軍，遣還金城，騰爲征西將軍，遣屯郿。後騰襲長安，敗走，退還涼州。司隸校尉鍾繇鎮關中，移書遂、騰，爲陳禍福。騰遣超隨繇討郭援、高幹於平陽，超將龐悳親斬援首。後騰與韓遂不和，求還京畿。於是徵爲衛尉，以超爲偏將軍，封都亭侯，領騰部曲。

超既統衆，遂與韓遂合從，及楊秋、李堪、成宜等相結，進軍至潼關。曹公與遂、超單馬會語，超負其多力，陰欲突前捉曹公，曹公左右將許褚瞋目盻之，超乃不敢動。曹公用賈詡謀，離間超、遂，更相猜疑，軍以大敗。超走保諸戎，曹公追至安定，會北方有事，引軍東還。楊阜説曹公曰：『超有信、布之勇，甚得羌、胡心。若大軍還，不嚴爲其備，隴上諸郡非國家之有也。』超果率諸戎以擊隴上郡縣，隴上郡縣皆應之，殺涼州刺史韋康，據冀城，有其衆。超自稱征西將軍，領并州牧，督涼州

軍事。康故吏民楊阜、姜敘、梁寬、趙衢等，合謀擊超。阜、敘起於鹵城，超出攻之，不能下；寬、衢閉冀城門，超不得入。進退狼狽，乃奔漢中依張魯。魯不足與計事，內懷於邑，聞先主圍劉璋於成都，密書請降。

先主遣人迎超，超將兵徑到城下。城中震怖，璋即稽首，以超爲平西將軍，督臨沮，因前爲都亭侯。先主爲漢中王，拜超爲左將軍，假節。章武元年，遷驃騎將軍，領涼州牧，進封斄鄉侯，策曰：『朕以不德，獲繼至尊，奉承宗廟。曹操父子，世載其罪，朕用慘怛，疢如疾首。海內怨憤，歸正反本，暨于氐、羌率服，獯鬻慕義。以君信著北土，威武並昭，是以委任授君，抗颺虓虎，兼董萬里，求民之瘼。其明宣朝化，懷保遠邇，肅慎賞罰，以篤漢祜，以對于天下。』二年卒，時年四十七。臨沒上疏曰：『臣門宗二百餘口，爲孟德所誅略盡，惟有從弟岱，當爲微宗血食之繼，深托陛下，餘無復言。』追謚超曰威侯，子承嗣。岱位至平北將軍，進爵陳倉侯。超女配安平王理。

黃忠字漢升，南陽人也。荊州牧劉表以爲中郎將，與表從子磐共守長沙攸縣。及曹公克荊州，假行裨將軍，仍就故任，統屬長沙太守韓玄。先主南定諸郡，忠遂委質，隨從入蜀。自葭萌受任，還攻劉璋，忠常先登陷陳，勇毅冠三軍。益州既定，拜爲討虜將軍。建安二十四年，於漢中定軍山擊夏侯淵。淵衆甚精，忠推鋒必進，勸率士卒，金鼓振天，歡聲動谷，一戰斬淵，淵軍大敗。遷征西將軍。是歲，先主爲漢中王，欲用忠爲後將軍，諸葛亮說先主曰：『忠之名望，素非關、馬之倫也。而今便令同列。馬、張在近，親見其功，尚可喻指；關遙聞之，恐必不悅，得無不可乎！』先主曰：『吾自當解之。』遂與羽等齊位，賜爵關內侯。明年卒，追謚剛侯。子敘，早沒，無後。

趙雲字子龍，常山真定人也。本屬公孫瓚，瓚遣先主爲田楷拒袁紹，雲遂隨從，爲先主主騎。及先主爲曹公所追於當陽長阪，棄妻子南走，雲身抱弱子，即後主也，保護甘夫人，即後主母也，皆得免難。遷爲牙門將軍。先主入蜀，雲留荊州。

先主自葭萌還攻劉璋，召諸葛亮。亮率雲與張飛等俱泝江西上，平定郡縣。至江州，分遣雲從外水上江陽，與亮會于成都。成都既定，以雲爲翊軍將軍。建興元年，爲中護軍、征南將軍，封永昌亭侯，遷鎮東將軍。五年，隨諸葛亮駐漢中。明年，亮出軍，揚聲由斜谷道，曹真遣大衆當之。亮令雲與鄧芝往拒，而身攻祁山。雲、芝兵弱敵强，失利於箕谷，然斂衆固守，不至大敗。軍退，貶爲鎮軍將軍。

七年卒，追謚順平侯。

初，先主時，惟法正見謚；後主時，諸葛亮功德蓋世，蔣琬、費禕荷國之重，亦見謚；陳祗寵待，特加殊奬，夏侯霸遠來歸國，故復得謚；於是關羽、張飛、馬超、龐統、黃忠及雲乃追謚，時論以爲榮。雲子統嗣，官至虎賁中郎，督行領軍。次子廣，牙門將，隨姜維沓中，臨陳戰死。

評曰：關羽、張飛皆稱萬人之敵，爲世虎臣。羽報效曹公，飛義釋嚴顏，並有國士之風。然羽剛而自矜，飛暴而無恩，以短取敗，理數之常也。馬超阻戎負勇，以覆其族，惜哉！能因窮致泰，不猶愈乎！黃忠、趙雲强摯壯猛，並作爪牙，其灌、滕之徒歟？

三國志卷三十七

蜀書七

龐統法正傳第七

龐統字士元，襄陽人也。少時樸鈍，未有識者。潁川司馬徽清雅有知人鑒，統弱冠往見徽，徽採桑於樹上，坐統在樹下，共語自晝至夜。徽甚異之，稱統當爲南州士之冠冕，由是漸顯。後郡命爲功曹。性好人倫，勤於長養。每所稱述，多過其才，時人怪而問之，統答曰：「當今天下大亂，雅道陵遲，善人少而惡人多。方欲興風俗，長道業，不美其譚即聲名不足慕企，不足慕企而爲善者少矣。今拔十失五，猶得其半，而可以崇邁世教，使有志者自勵，不亦可乎？」吴將周瑜助先主取荆州，因領南郡太守。瑜卒，統送喪至吴，吴人多聞其名。及當西還，並會昌門，陸績、顧劭、全琮皆往。統曰：「陸子可謂駑馬有逸足之力，顧子可謂駑牛能負重致遠也。」謂全琮曰：「卿好施慕名，有似汝南樊子昭。雖智力不多，亦一時之佳也。」績、劭謂統曰：「使天下太平，當與卿共料四海之士。」深與統相結而還。

先主領荆州，統以從事守耒陽令，在縣不治，免官。吴將魯肅遺先主書曰：「龐士元非百里才也，使處治中、別駕之任，始當展其驥足耳。」諸葛亮亦言之於先主，先主見與善譚，大器之，以爲治中從事。親待亞於諸葛亮，遂與亮並爲軍師中郎將。亮留鎮荆州。統隨從入蜀。

益州牧劉璋與先主會涪，統進策曰：「今因此會，便可執之，則將軍無用兵之勞而坐定一州

也。」先主曰：「初入他國，恩信未著，此不可也。」璋既還成都，先主當爲璋北征漢中，統復說曰：「陰選精兵，晝夜兼道，徑襲成都；璋既不武，又素無預備，大軍卒至，一舉便定，此上計也。楊懷、高沛，璋之名將，各仗强兵，據守關頭，聞數有牋諫璋，使發遣將軍還荆州。將軍未至，遣與相聞，說荆州有急，欲還救之，並使裝束，外作歸形；此二子既服將軍英名，又喜將軍之去，計必乘輕騎來見，將軍因此執之，進取其兵，乃向成都，此中計也。退還白帝，連引荆州，徐還圖之，此下計也。若沈吟不去，將致大困，不可久矣。」先主然其中計，即斬懷、沛，還向成都，所過輒克。於涪大會，置酒作樂，謂統曰：「今日之會，可謂樂矣。」統曰：「伐人之國而以爲歡，非仁者之兵也。」先主醉，怒曰：「武王伐紂，前歌後舞，非仁者邪？卿言不當，宜速起出！」於是統逡巡引退。先主尋悔，請還。統復故位，初不顧謝，飲食自若。先主謂曰：「向者之論，阿誰爲失？」統對曰：「君臣俱失。」先主大笑，宴樂如初。

進圍雒縣，統率衆攻城，爲流矢所中，卒，時年三十六。先主痛惜，言則流涕。拜統父議郎，遷諫議大夫，諸葛亮親爲之拜。追賜統爵關内侯，謚曰靖侯。統子宏，字巨師，剛簡有臧否，輕傲尚書令陳祗，爲祗所抑，卒於涪陵太守。統弟林，以荆州治中從事參鎮北將軍黄權征吴，值軍敗，隨權入魏，魏封列侯，至鉅鹿太守。

法正字孝直，扶風郿人也。祖父真，有清節高名。建安初，天下饑荒，正與同郡孟達俱入蜀依劉璋，久之，爲新都令，後召署軍議校尉。既不任用，又爲其州邑俱僑客者所謗無行，志意不得。益州

别駕張松與正相善，忖璋不足與有爲，常竊歎息。松於荆州見曹公還，勸璋絶曹公而自結先主。璋曰：『誰可使者？』松乃舉正，正辭讓，不得已而往。正既還，爲松稱説先主有雄略，密謀協規，願共戴奉，而未有緣。後因璋聞曹公欲遣將征張魯之有懼心也，松遂説璋宜迎先主，使之討魯，復令正銜命。正既宣旨，陰獻策於先主曰：『以明將軍之英才，乘劉牧之懦弱；張松，州之股肱，以響應於内；然後資益州之殷富，馮天府之險阻，以此成業，猶反掌也。』先主然之，泝江而西，與璋會涪。北至葭萌，南還取璋。

鄭度説璋曰：『左將軍縣軍襲我，兵不滿萬，士衆未附，野穀是資，軍無輜重。其計莫若盡驅巴西、梓潼民内涪水以西，其倉廩野穀，一皆燒除，高壘深溝，静以待之。彼至，請戰，勿許，久無所資，不過百日，必將自走。走而擊之，則必禽耳。』先主聞而惡之，以問正。正曰：『終不能用，無可憂也。』璋果如正言，謂其群下曰：『吾聞拒敵以安民，未聞動民以避敵也。』於是黜度，不用其計。及軍圍雒城，正箋與璋曰：『正受性無術，盟好違損，懼左右不明本末，必並歸咎，蒙耻没身，辱及執事，是以損身於外，不敢反命。恐聖聽穢惡其聲，故中間不有箋敬，顧念宿遇，瞻望悢悢。然惟前後披露腹心，自從始初以至於終，實不藏情，有所不盡，但愚闇策薄，精誠不感，以致於此耳。今國事已危，禍害在速，雖捐放於外，言足憎尤，猶貪極所懷，以盡餘忠。明將軍本心，正之所知也，實爲區區不欲失左將軍之意，而卒至於是者，左右不達英雄從事之道，謂可違信黷誓，而以意氣相致，日月相遷，趨求順耳悦目，隨阿遂指，不圖遠慮爲國深計故也。事變既成，又不量强弱之勢，以爲左將軍縣遠之衆，糧穀無儲，欲得以多擊少，曠日相持。而從關至此，所歷輒破，離宫别屯，日自零落。雒下雖有萬兵，皆壞陳之卒，破軍之將，若欲争一旦之戰，則兵將勢力，實不相當。各欲遠期計糧者，今此營守已固，穀米已積，而明將軍土地日削，百姓日困，敵對遂多，所供遠曠。愚意計之，謂必先竭，將不復以持久也。空爾相守，猶不相堪，今張益德數萬之衆，已定巴東，入犍爲界，分平資中、德陽，三道並侵，將何以禦之？本爲明將軍計者，必謂此軍縣遠無糧，饋運不及，兵少無繼。今荆州道通，衆數十倍，加孫車騎遣弟及李異、甘寧等爲其後繼。若争客主之勢，以土地相勝者，今此全有巴東，廣漢、犍爲，過半已定，巴西一郡，復非明將軍之有也。計益州所仰惟蜀，蜀亦破壞；三分亡二，吏民疲困，思爲亂者十户而八；若敵遠則百姓不能堪役，敵近則一旦易主矣。廣漢諸縣，是明比也。又魚復與關頭實爲益州福禍之門，今二門悉開，堅城皆下，諸軍並破，兵將俱盡，而敵家數道並進，已入心腹，坐守都、雒，存亡之勢，昭然可見。斯乃大略，其外較耳，其餘屈曲，難以辭極也。以正下愚，猶知此事不可復成，况明將軍左右明智用謀之士，豈當不見此數哉？旦夕偷幸，求容取媚，不慮遠圖，莫肯盡心獻良計耳。若事窮勢迫，將各索生，求濟門户，展轉反覆，與今計異，不爲明將軍盡死難也，而尊門猶當受其憂。正雖獲不忠之謗，然心自謂不負聖德，顧惟分義，實竊痛心。左將軍從本舉來，舊心依依，實無薄意。愚以爲可圖變化，以保尊門。』

十九年，進圍成都，璋蜀郡太守許靖將逾城降，事覺，不果。璋以危亡在近，故不誅靖。璋既稽服，先主以此薄靖不用也。正説曰：『天下有獲虚譽而無其實者，許靖是也。然今主公始創大業，天

下之人不可户説，靖之浮稱，播流四海，若其不禮，天下之人以是謂主公爲賤賢也。宜加敬重，以眩遠近，追昔燕王之待郭隗。』先主於是乃厚待靖。以正爲蜀郡太守、揚武將軍，外統都畿，内爲謀主。一飡之德，睚眦之怨，無不報復，擅殺毁傷己者數人。或謂諸葛亮曰：『法正於蜀郡太縱横，將軍宜啓主公，抑其威福。』亮答曰：『主公之在公安也，北畏曹公之强，東憚孫權之逼，近則懼孫夫人生變於肘腋之下；當斯之時，進退狼跋，法孝直爲之輔翼，令翻然翺翔，不可復制，如何禁止法正使不得行其意邪！』初，孫權以妹妻先主，妹才捷剛猛，有諸兄之風，侍婢百餘人，皆親執刀侍立，先主每入，衷心常凛凛；亮又知先主雅愛信正，故言如此。

二十二年，正説先主曰：『曹操一舉而降張魯，定漢中，不因此勢以圖巴、蜀，而留夏侯淵、張郃屯守，身遽北還，此非其智不逮而力不足也，必將内有憂偪故耳。今策淵、郃才略，不勝國之將帥，舉衆往討，則必可克。克之之日，廣農積穀，觀釁伺隙，上可以傾覆寇敵，尊奬王室，中可以蠶食雍、凉，廣拓境土，下可以固守要害，爲持久之計。此蓋天以與我，時不可失也。』先主善其策，乃率諸將進兵漢中，正亦從行。二十四年，先主自陽平南渡沔水，緣山稍前，於定軍興勢作營。淵將兵來争其地。正曰：『可擊矣。』先主命黄忠乘高鼓譟攻之，大破淵軍，淵等授首。曹公西征，聞正之策，曰：『吾故知玄德不辦有此，必爲人所教也。』

先主立爲漢中王，以正爲尚書令、護軍將軍。明年卒，時年四十五。先主爲之流涕者累日。謚曰翼侯。賜子邈爵關内侯，官至奉車都尉、漢陽太守。諸葛亮與正，雖好尚不同，以公義相取。亮每奇正智術。先主既即尊號，將東征孫權以復關羽之耻，群臣多諫，一不從。章武二年，大軍敗績，還住白帝。亮嘆曰：『法孝直若在，則能制主上，令不東行；就復東行，必不傾危矣。』

評曰：龐統雅好人流，經學思謀，于時荆、楚謂之高俊。法正著見成敗，有奇畫策算，然不以德素稱也。擬之魏臣，統其荀彧之仲叔，正其程、郭之儔儷邪？

三國志卷三十八

蜀書八

許麋孫簡伊秦傳第八

許靖字文休，汝南平輿人。少與從弟劭俱知名，並有人倫臧否之稱，而私情不協。劭爲郡功曹，排擯靖不得齒叙，以馬磨自給。潁川劉翊爲汝南太守，乃舉靖計吏，察孝廉，除尚書郎，典選舉。靈帝崩，董卓秉政，以漢陽周毖爲吏部尚書，與靖共謀議，進退天下之士，沙汰穢濁，顯拔幽滯。進用潁川荀爽、韓融、陳紀等爲公、卿、郡守，拜尚書韓馥爲冀州牧，侍中劉岱爲兗州刺史，潁川張咨爲南陽太守，陳留孔伷爲豫州刺史，東郡張邈爲陳留太守，而遷靖巴郡太守，不就，補御史中丞。馥等到官，各舉兵還向京都，欲以誅卓。卓怒毖曰：「諸君言當拔用善士，卓從君計，不欲違天下人心。而諸君所用人，至官之日，還來相圖。卓何用相負！」叱毖令出，於外斬之。靖從兄陳相瑒，又與伷合規，靖懼誅，奔伷。伷卒，依揚州刺史陳禕。禕死，吳郡都尉許貢、會稽太守王朗素與靖有舊，故往保焉。靖收恤親里，經紀振贍，出於仁厚。

孫策東渡江，皆走交州以避其難，靖身坐岸邊，先載附從，疏親悉發，乃從後去，當時見者莫不嘆息。既至交阯，交阯太守士燮厚加敬待。陳國袁徽以寄寓交州，徽與尚書令荀彧書曰：「許文休英才偉士，智略足以計事。自流宕已來，與群士相隨，每有患急，常先人後己，與九族中外同其飢寒。其紀綱同類，仁恕惻隱，皆有效事，不能復一二陳之耳。」鉅鹿張翔銜王命使交部，乘勢募靖，欲與誓要，靖拒而不許。靖與曹公書曰：

世路戎夷，禍亂遂合，駑怯偷生，自竄蠻貊，成闊十年，吉凶禮廢。昔在會稽，得所貽書，辭旨款密，久要不忘。迫於袁術方命圮族，扇動群逆，津塗四塞，雖縣心北風，欲行靡由。正禮師退，術兵前進，會稽傾覆，景興失據，三江五湖，皆爲虜庭。臨時困厄，無所控告。便與袁沛、鄧子孝等浮涉滄海，南至交州。經歷東甌、閩、越之國，行經萬里，不見漢地，漂薄風波，絶糧茹草，飢殍薦臻，死者大半。既濟南海，與領守兒孝德相見，知足下忠義奮發，整飭元戎，西迎大駕，巡省中岳。承此休問，且悲且憙，即與袁沛及徐元賢復共嚴裝，欲北上荆州。會蒼梧諸縣夷、越蜂起，州府傾覆，道路阻絶，元賢被害，老弱並殺。靖尋循渚岸五千餘里，復遇疾癘，伯母隕命，并及群從，自諸妻子，一時略盡。復相扶侍，前到此郡，計爲兵害及病亡者，十遺一二。生民之艱，辛苦之甚，豈可具陳哉！懼卒顛仆，永爲亡虜，憂瘁慘慘，忘寢與食。欲附奉朝貢使，自獲濟通，歸死闕庭，而荆州水陸無津，交部驛使斷絶。欲上益州，復有峻防，故官長吏，一不得入。前令交阯太守士威彦，深相分托於益州兄弟，又靖亦自與書，辛苦懇惻，而復寂寞，未有報應。雖仰瞻光靈，延頸企踵，何由假翼自致哉？

知聖主允明，顯授足下專征之任，凡諸逆節，多所誅討，想力競者一心，順從者同規矣。又張子雲昔在京師，志匡王室，今雖臨荒域，不得參與本朝，亦國家之藩鎮，足下之外援也。若荆、楚平和，王澤南至，足下忽有聲命於子雲，勤見保屬，令得假途由荆州出，不然，當復相紹介於益州兄弟，使相納受。倘天假其年，人緩其禍，得歸死國家，解逋逃之負，泯軀九泉，將復何恨！若時有險易，事

有利鈍，人命無常，隕没不達者，則永銜罪責，入於蒿土矣。

昔營邱翼周，杖鉞專征，博陸佐漢，虎賁警蹕。今日足下扶危持傾，爲國柱石，秉師望之任，兼霍光之重，五侯九伯，制御在手，自古及今，人臣之尊未有及足下者也。夫爵高者憂深，禄厚者責重。足下據爵高之任，當責重之地，言出於口，即爲賞罰，意之所存，便爲禍福。行之得道，即社稷用寧；行之失道，即四方散亂。國家安危，在於足下；百姓之命，縣於執事。自華及夷，顒顒注望。足下任此，豈可不遠覽載籍廢興之由，榮辱之機，棄忘舊惡，寬和群司，審量五材，爲官擇人？苟得其人，雖讎必舉；苟非其人，雖親不授。以寧社稷，以濟下民，事立功成，則繫音於管弦，勒勳於金石，願君勉之！爲國自重，爲民自愛。

翔恨靖之不自納，搜索靖所寄書疏，盡投之于水。

後劉璋遂使使招靖，靖來入蜀。璋以靖爲巴郡、廣漢太守。南陽宋仲子於荆州與蜀郡太守王商書曰：「文休倜儻瑰瑋，有當世之具，足下當以爲指南。」建安十六年，轉在蜀郡。十九年，先主克蜀，以靖爲左將軍長史。先主爲漢中王，靖爲太傅。及即尊號，策靖曰：「朕獲奉洪業，君臨萬國，夙宵惶惶，懼不能綏。百姓不親，五品不遜，汝作司徒，其敬敷五教，在寬。君其勖哉！秉德無怠，稱朕意焉。」

靖雖年逾七十，愛樂人物，誘納後進，清談不倦。丞相諸葛亮皆爲之拜。章武二年卒。子欽，先靖夭没。欽子游，景耀中爲尚書。始靖兄事潁川陳紀，與陳郡袁渙、平原華歆、東海王朗等親善，歆、朗及紀子群，魏初爲公輔大臣，咸與靖書，申陳舊好，情義款至，文多故不載。

麋竺字子仲，東海朐人也。祖世貨殖，僮客萬人，貲産鉅億。後徐州牧陶謙辟爲别駕從事。謙卒，竺奉謙遺命，迎先主於小沛。建安元年，吕布乘先主之出拒袁術，襲下邳，虜先主妻子。先主轉軍廣陵海西，竺於是進妹於先主爲夫人，奴客二千，金銀貨幣以助軍資；于時困匱，賴此復振。後曹公表竺領嬴郡太守，竺弟芳爲彭城相，皆去官，隨先主周旋。先主將適荆州，遣竺先與劉表相聞，以竺爲左將軍從事中郎。益州既平，拜爲安漢將軍，班在軍師將軍之右。竺雍容敦雅，而幹翮非所長。是以待之以上賓之禮，未嘗有所統御。然賞賜優寵，無與爲比。

芳爲南郡太守，與關羽共事，而私好携貳，叛迎孫權，羽因覆敗。竺面縛請罪，先主慰諭以兄弟罪不相及，崇待如初。竺慚恚發病，歲餘卒。子威，官至虎賁中郎將。威子照，虎騎監。自竺至照，皆便弓馬，善射御云。

孫乾字公祐，北海人也。先主領徐州，辟爲從事，後隨從周旋。先主之背曹公，遣乾自結袁紹，將適荆州，乾又與麋竺俱使劉表，皆如意指。後表與袁尚書，説其兄弟分争之變，曰：「每與劉左將軍、孫公祐共論此事，未嘗不痛心入骨，相爲悲傷也。」其見重如此。先主定益州，乾自從事中郎爲秉忠將軍，見禮次麋竺，與簡雍同等。頃之，卒。

簡雍字憲和，涿郡人也。少與先主有舊，隨從周旋。先主至荆州，雍與麋竺、孫乾同爲從事中郎，常爲談客，往來使命。先主入益州，劉璋見雍，甚愛之。後先主圍成都，遣雍往説璋，璋遂與雍同

輿而載，出城歸命。先主拜雍爲昭德將軍。優游風議，性簡傲跌宕，在先主坐席，猶箕踞傾倚，威儀不肅，自縱適；諸葛亮已下則獨擅一榻，項枕卧語，無所爲屈。時天旱禁酒，釀者有刑。吏於人家索得釀具，論者欲令與作酒者同罰。雍與先主游觀，見一男女行道，謂先主曰：「彼人欲行淫，何以不縛？」先主曰：「卿何以知之？」雍對曰：「彼有其具，與欲釀者同。」先主大笑，而原欲釀者。雍之滑稽，皆此類也。

伊籍字機伯，山陽人。少依邑人鎮南將軍劉表。先主之在荆州，籍常往來自托。表卒，遂隨先主南渡江，從入益州。益州既定，以籍爲左將軍從事中郎，見待亞於簡雍、孫乾等。遣東使於吴。孫權聞其才辯，欲逆折以辭。籍適入拜，權曰：「勞事無道之君乎？」籍既對曰：「一拜一起，未足爲勞。」籍之機捷，類皆如此，權甚異之。後遷昭文將軍，與諸葛亮、法正、劉巴、李嚴共造《蜀科》；《蜀科》之制，由此五人焉。

秦宓字子勑，廣漢綿竹人也。少有才學，州郡辟命，輒稱疾不往。奏記州牧劉焉，薦儒士任定祖曰：「昔百里、蹇叔以耆艾而定策，甘羅、子奇以童冠而立功，故《書》美黄髮，而《易》稱顔淵，固知選士用能，不拘長幼，明矣。乃者以來，海内察舉，率多英儁而遺舊齒，衆論不齊，異同相半，此乃承平之翔步，非亂世之急務也。夫欲救危撫亂，脩己以安人，則宜卓犖超倫，與時殊趣，震驚鄰國，駭動四方，上當天心，下合人意；天人既和，内省不疚，雖遭凶亂，何憂何懼！昔楚葉公好龍，神龍下之，好僞徹天，何況於真？今處士任安，仁義直道，流名四遠，如令見察，則一州斯服。昔湯舉伊尹，不仁者遠，何武貢二龔，雙名竹帛，故貪尋常之高而忽萬仞之嵩，樂面前之飾而忘天下之譽，斯誠往古之所重慎也。甫欲鑿石索玉，剖蚌求珠，今乃隨、和炳然，有如皎日，復何疑哉！誠知晝不操燭，日有餘光，但愚情區區，貪陳所見。」

劉璋時，宓同郡王商爲治中從事，與宓書曰：「貧賤困苦，亦何時可以終身！卞和衒玉以耀世，宜一來，與州尊相見。」宓答書曰：「昔堯優許由，非不弘也，洗其兩耳；楚聘莊周，非不廣也，執竿不顧。《易》曰『確乎其不可拔』，夫何衒之有？且以國君之賢，子爲良輔，不以是時建蕭、張之策，未足爲智也。僕得曝背乎隴畝之中，誦顔氏之簞瓢，咏原憲之蓬户，時翱翔於林澤，與沮、溺之等儔，聽玄猿之悲吟，察鶴鳴於九皋，安身爲樂，無憂爲福，處空虚之名，居不靈之龜，知我者希，則我貴矣。斯乃僕得志之秋也，何困苦之戚焉！」後商爲嚴君平、李弘立祠，宓與書曰：「疾病伏匿，甫知足下爲嚴、李立祠，可謂厚黨勤類者也。觀嚴文章，冠冒天下，由、夷逸操，山嶽不移，使揚子不嘆，固自昭明。如李仲元不遭《法言》，令名必淪，其無虎豹之文故也，可謂攀龍附鳳者矣。如揚子雲潛心著述，有補於世，泥蟠不滓，行參聖師，于今海内，談咏厥辭。邦有斯人，以耀四遠，怪子替兹，不立祠堂。蜀本無學士，文翁遣相如東受七經，還教吏民，於是蜀學比於齊、魯。故《地里志》曰：『文翁倡其教，相如爲之師。』漢家得士，盛於其世；仲舒之徒，不達封禪，相如制其禮。夫能制禮造樂，移風易俗，非禮所秩有益於世者乎！雖有王孫之累，猶孔子大齊桓之霸，公羊賢叔術之讓。僕亦善長卿之化，宜立祠堂，速定其銘。」

先是，李權從宓借《戰國策》，宓曰：『戰國從橫，用之何爲？』權曰：『仲尼、嚴平，會聚衆書，以成《春秋》、《指歸》之文，故海以合流爲大，君子以博識爲弘。』宓報曰：『書非史記周圖，仲尼不采；道非虛無自然，嚴平不演。海以受淤，歲一蕩清；君子博識，非禮不視。今戰國反覆儀、秦之術，殺人自生，亡人自存，經之所疾。故孔子發憤作《春秋》，大乎居正，復制《孝經》，廣陳德行。杜漸防萌，預有所抑，是以老氏絕禍於未萌，豈不信邪！成湯大聖，睹野魚而有獺逐之失，定公賢者，見女樂而棄朝事，若此輩類，焉可勝陳。道家法曰：「不見所欲，使心不亂。」是故天地貞觀，日月貞明；其直如矢，君子所履。《洪範》記災，發於言貌，何戰國之譎權乎哉！』

或謂宓曰：『足下欲自比於巢、許、四皓，何故揚文藻見瓌穎乎？』宓答曰：『僕文不能盡言，言不能盡意，何文藻之有揚乎！昔孔子三見哀公，言成七卷，事蓋有不可嘿嘿也。接輿行且歌，論家以光篇；漁父咏滄浪，賢者以耀章。此二人者，非有欲於時者也。夫虎生而文炳，鳳生而五色，豈以五采自飾畫哉？天性自然也。蓋《河》、《洛》由文興，六經由文起，君子懿文德，采藻其何傷！以僕之愚，猶恥革子成之誤，況賢於己者乎！』

先主既定益州，廣漢太守夏侯纂請宓爲師友祭酒，領五官掾，稱曰仲父。宓稱疾，卧在第舍，纂將功曹古朴、主簿王普，厨膳即宓第宴談，宓卧如故。纂問朴曰：『至於貴州養生之具，實絕餘州矣，不知士人何如餘州也？』朴對曰：『乃自先漢以來，其爵位者或不如餘州耳，至於著作爲世師式，不負於餘州也。嚴君平見黃、老作《指歸》，揚雄見《易》作《太玄》，見《論語》作《法言》，司馬相如爲武帝制封禪之文，于今天下所共聞也。』纂曰：『仲父何如？』宓以簿擊頰，曰：『願明府勿以仲父之言假於小草，民請爲明府陳其本紀。蜀有汶阜之山，江出其腹，帝以會昌，神以建福，故能沃野千里。淮、濟四瀆，江爲其首，此其一也。禹生石紐，今之汶山郡是也。昔堯遭洪水，鯀所不治，禹疏江決河，東注于海，爲民除害，生民已來功莫先者，此其二也。天帝布治房心，决政參伐，參伐則益州分野，三皇乘祇車出谷口，今之斜谷是也。此便鄙州之阡陌，明府以雅意論之，何若於天下乎？』於是纂逡巡無以復答。

益州辟宓爲從事祭酒。先主既稱尊號，將東征吳，宓陳天時必無其利，坐下獄幽閉，然後貸出。建興二年，丞相亮領益州牧，選宓迎爲別駕，尋拜左中郎將、長水校尉。吳遣使張温來聘，百官皆往餞焉。衆人皆集而宓未往，亮累遣使促之，温曰：『彼何人也？』亮曰：『益州學士也。』及至，温問曰：『君學乎？』宓曰：『五尺童子皆學，何必小人！』温復問曰：『天有頭乎？』宓曰：『有之。』温曰：『在何方也？』宓曰：『在西方。《詩》曰：「乃眷西顧。」以此推之，頭在西方。』温曰：『天有耳乎？』宓曰：『天處高而聽卑，《詩》云：「鶴鳴于九皋，聲聞于天。」若其無耳，何以聽之？』温曰：『天有足乎？』宓曰：『有。《詩》云：「天步艱難，之子不猶。」若其無足，何以步之？』温曰：『天有姓乎？』宓曰：『有。』温曰：『何姓？』宓曰：『姓劉。』温曰：『何以知之？』答曰：『天子姓劉，故以此知之。』温曰：『日生於東乎？』宓曰：『雖生于東而没於西。』答問如響，應聲而出，於是温大敬服。宓之文辯，皆此類也。遷大司農，四年卒。初宓見帝系之文，五帝皆同一族，

宓辨其不然之本。又論皇帝王霸豢龍之説，甚有通理。譙允南少時數往諮訪，紀録其言於《春秋然否論》，文多故不載。

評曰：許靖夙有名譽，既以篤厚爲稱，又以人物爲意，雖行事舉動，未悉允當，蔣濟以爲『大較廊廟器』也。麋竺、孫乾、簡雍、伊籍，皆雍容風議，見禮於世。秦宓始慕肥遁之高，而無若愚之實。然專對有餘，文藻壯美，可謂一時之才士矣。

蜀書九

董劉馬陳董吕傳第九

董和字幼宰，南郡枝江人也，其先本巴郡江州人。漢末，和率宗族西遷，益州牧劉璋以爲牛鞞、江原長、成都令。蜀土富實，時俗奢侈，貨殖之家，侯服玉食，婚姻葬送，傾家竭産。和躬率以儉，惡衣蔬食，防遏逾僭，爲之軌制，所在皆移風變善，畏而不犯。然縣界豪强憚和嚴法，説璋轉和爲巴東屬國都尉。吏民老弱相携乞留和者數千人，璋聽留二年，還遷益州太守，其清約如前。與蠻夷從事，務推誠心，南土愛而信之。

先主定蜀，徵和爲掌軍中郎將，與軍師將軍諸葛亮並署左將軍大司馬府事，獻可替否，共爲歡交。自和居官食禄，外牧殊域，内幹機衡，二十餘年，死之日家無儋石之財。亮後爲丞相，教與群下曰：『夫參署者，集衆思廣忠益也。若遠小嫌，難相違覆，曠闕損矣。違覆而得中，猶棄弊蹻而獲珠玉。然人心苦不能盡，惟徐元直處兹不惑，又董幼宰參署七年，事有不至，至于十反，來相啓告。苟能慕元直之十一，幼宰之殷勤，有忠於國，則亮可少過矣。』又曰：『昔初交州平，屢聞得失，後交元直，勤見啓誨，前參事於幼宰，每言則盡，後從事於偉度，數有諫止；雖姿性鄙暗，不能悉納，然與此四子終始好合，亦足以明其不疑於直言也。』其追思和如此。

劉巴字子初，零陵烝陽人也。少知名，荆州牧劉表連辟，及舉茂才，皆不就。表卒，曹公征荆州。先主奔江南，荆、楚群士從之如雲，而巴北詣曹公。曹公辟爲掾，使招納長沙、零陵、桂陽。會先主略有三郡，巴不得反使，遂遠適交阯，先主深以爲恨。

巴復從交阯至蜀。俄而先主定益州，巴辭謝罪負，先主不責。而諸葛孔明數稱薦之，先主辟爲左將軍西曹掾。建安二十四年，先主爲漢中王，巴爲尚書，後代法正爲尚書令。躬履清儉，不治産業，又自以歸附非素，懼見猜嫌，恭默守静，退無私交，非公事不言。先主稱尊號，昭告于皇天上帝后土神祇，凡諸文誥策命，皆巴所作也。章武二年卒。卒後，魏尚書僕射陳群與丞相諸葛亮書，問巴消息，稱曰劉君子初，甚敬重焉。

馬良字季常，襄陽宜城人也。兄弟五人，並有才名，鄉里爲之諺曰：『馬氏五常，白眉最良。』良眉中有白毛，故以稱之。先主領荆州，辟爲從事。及先主入蜀，諸葛亮亦從後往，良留荆州，與亮書曰：『聞雒城已拔，此天祚也。尊兄應期贊世，配業光國，魄兆見矣。夫變用雅慮，審貴垂明，於以簡才，宜適其時。若乃和光悦遠，邁德天壤，使時閑於聽，世服於道，齊高妙之音，正鄭、衛之聲，並利於事，無相奪倫，此乃管弦之至，牙、曠之調也。雖非鍾期，敢不擊節！』先主辟良爲左將軍掾。

後遣使吴，良謂亮曰：『今銜國命，協穆二家，幸爲良介於孫將軍。』亮曰：『君試自爲文。』良即爲草曰：『寡君遣掾馬良通聘繼好，以紹昆吾、豕韋之勳。其人吉士，荆楚之令，鮮於造次之華，而有克終之美，願降心存納，以慰將命。』權敬待之。

先主稱尊號，以良爲侍中。及東征吴，遣良入武陵招納五谿蠻夷，蠻夷渠帥皆受印號，咸如意

指。會先主敗績於夷陵，良亦遇害。先主拜良子秉爲騎都尉。

良弟謖，字幼常，以荊州從事隨先主入蜀，除綿竹成都令、越嶲太守。才器過人，好論軍計，丞相諸葛亮深加器異。先主臨薨謂亮曰：『馬謖言過其實，不可大用，君其察之！』亮猶謂不然，以謖爲參軍，每引見談論，自晝達夜。

建興六年，亮出軍向祁山，時有宿將魏延、吴壹等，論者皆言以爲宜令爲先鋒，而亮違衆拔謖，統大衆在前，與魏將張郃戰于街亭，爲郃所破，士卒離散。亮進無所據，退軍還漢中。謖下獄物故，亮爲之流涕。良死時年三十六，謖年三十九。

陳震字孝起，南陽人也。先主領荊州牧，辟爲從事，部諸郡，隨先主入蜀。蜀既定，爲蜀郡北部都尉，因易郡名，爲汶山太守，轉在犍爲。建興三年，入拜尚書，遷尚書令，奉命使吴。七年，孫權稱尊號，以震爲衛尉，賀權踐阼，諸葛亮與兄瑾書曰：『孝起忠純之性，老而益篤，及其贊述東西，歡樂和合，有可貴者。』震入吴界，移關候曰：『東之與西，驛使往來，冠蓋相望，申盟初好，日新其事。東尊應保聖祚，告燎受符，剖判土宇，天下響應，各有所歸。於此時也，以同心討賊，則何寇不滅哉！西朝君臣，引領欣賴。震以不才，得充下使，奉聘叙好，踐界踴躍，入則如歸。獻子適魯，犯其山諱，《春秋》譏之。望必啓告，使行人睦焉。即日張旍誥衆，各自約誓。順流漂疾，國典異制，懼或有違，幸必斟誨，示其所宜。』震到武昌，孫權與震升壇歃盟，交分天下：以徐、豫、幽、青屬吴，并、凉、冀、兖屬蜀，其司州之土，以函谷關爲界。震還，封城陽亭侯。九年，都護李平坐誣罔廢；諸葛亮與長史蔣琬、侍中董允書曰：『孝起前臨至吴，爲吾説正方腹中有鱗甲，鄉黨以爲不可近。吾以爲鱗甲者但不當犯之耳，不圖復有蘇、張之事出於不意。可使孝起知之。』十三年，震卒。子濟嗣。

董允字休昭，掌軍中郎將和之子也。先主立太子，允以選爲舍人，徙洗馬。後主襲位，遷黄門侍郎。丞相亮將北征，住漢中，慮後主富於春秋，朱紫難別，以允秉心公亮，欲任以宫省之事。上疏曰：『侍中郭攸之、費禕、侍郎董允等，先帝簡拔以遺陛下，至於斟酌規益，進盡忠言，則其任也。愚以爲宫中之事，事無大小，悉以咨之，必能裨補闕漏，有所廣益。若無興德之言，則戮允等以彰其慢。』亮尋請禕爲參軍，允遷爲侍中，領虎賁中郎將，統宿衛親兵。攸之性素和順，備員而已。獻納之任，允皆專之矣。允處事爲防制，甚盡匡救之理。後主常欲采擇以充後宫，允以爲古者天子后妃之數不過十二，今嬪嬙已具，不宜增益，終執不聽。後主益嚴憚之。尚書令蔣琬領益州刺史，上疏以讓費禕及允，又表『允内侍歷年，翼贊王室，宜賜爵土以褒勳勞』。允固辭不受。後主漸長大，愛宦人黄皓。皓便辟佞慧，欲自容入。允常上則正色匡主，下則數責於皓。皓畏允，不敢爲非。終允之世，皓位不過黄門丞。

允嘗與尚書令費禕、中典軍胡濟等共期游宴，嚴駕已辦，而郎中襄陽董恢詣允脩敬。恢年少官微，見允停出，逡巡求去，允不許，曰：『本所以出者，欲與同好游談也，今君已自屈，方展闊積，舍此之談，就彼之宴，非所謂也。』乃命解驂，禕等罷駕不行。其守正下士，凡此類也。延熙六年，加輔國將軍。七年，以侍中守尚書令，爲大將軍費禕副貳。九年，卒。

陳祗代允爲侍中，與黄皓互相表裏，皓始預政事。祗死後，皓從黄門令爲中常侍、奉車都尉，操弄威柄，終至覆國。蜀人無不追思允。及鄧艾至蜀，聞皓奸險，收閉，將殺之，而皓厚賂艾左右，得免。

祗字奉宗，汝南人，許靖兄之外孫也。少孤，長於靖家。弱冠知名，稍遷至選曹郎，矜厲有威容。多技藝，挾數術，費禕甚異之，故超繼允内侍。吕乂卒，祗又以侍中守尚書令，加鎮軍將軍，大將軍姜維雖班在祗上，常率衆在外，希親朝政。祗上承主指，下接閹竪，深見信愛，權重於維。景耀元年卒，後主痛惜，發言流涕，乃下詔曰：『祗統職一紀，柔嘉惟則，幹肅有章，和義利物，庶績允明。命不融遠，朕用悼焉。夫存有令問，則亡加美謚，謚曰忠侯。』賜子粲爵關内侯，拔次子裕爲黄門侍郎。自祗之有寵，後主追怨允日深，謂爲自輕，由祗媚兹一人，皓搆閒浸潤故耳。允孫宏，晉巴西太守。

吕乂字季陽，南陽人也。父常，送故將劉焉入蜀，值王路隔塞，遂不得還。乂少孤，好讀書鼓琴。初，先主定益州，置鹽府校尉，較鹽鐵之利，後校尉王連請乂及南陽杜祺、南鄉劉幹等並爲典曹都尉。乂遷新都、綿竹令，乃心隱恤，百姓稱之，爲一州諸城之首。遷巴西太守。丞相諸葛亮連年出軍，調發諸郡，多不相救，乂募取兵五千人詣亮，慰喻檢制，無逃竄者。徙爲漢中太守，兼領督農，供繼軍糧。亮卒，累遷廣漢、蜀郡太守。蜀郡一都之會，户口衆多，又亮卒之後，士伍亡命，更相重冒，奸巧非一。乂到官，爲之防禁，開喻勸導，數年之中，漏脱自出者萬餘口。後入爲尚書，代董允爲尚書令，衆事無留，門無停賓。乂歷職内外，治身儉約，謙靖少言，爲政簡而不煩，號爲清能；然持法刻深，好用文俗吏，故居大官，名聲損於郡縣。延熙十四年卒。子辰，景耀中爲成都令。辰弟雅，謁者。雅清厲有文才，著《格論》十五篇。

杜祺歷郡守監軍大將軍司馬，劉幹官至巴西太守，皆與乂親善，亦有當時之稱，而儉素守法，不及於乂。

評曰：董和蹈羔羊之素，劉巴履清尚之節，馬良貞實，稱爲令士，陳震忠恪，老而益篤，董允匡主，義形於色，皆蜀臣之良矣。吕乂臨郡則垂稱，處朝則被損，亦黄、薛之流亞矣。

三國志卷四十

蜀書十

劉彭廖李劉魏楊傳第十

劉封者，本羅侯寇氏之子，長沙劉氏之甥也。先主至荆州，以未有繼嗣，養封爲子。及先主入蜀，自葭萌還攻劉璋，時封年二十餘，有武藝，氣力過人，將兵俱與諸葛亮、張飛等溯流西上，所在戰克。益州既定，以封爲副軍中郎將。

初，劉璋遣扶風孟達副法正，各將兵二千人，使迎先主，先主因令達并領其衆，留屯江陵。蜀平後，以達爲宜都太守。建安二十四年，命達從秭歸北攻房陵，房陵太守蒯祺爲達兵所害。達將進攻上庸，先主陰恐達難獨任，乃遣封自漢中乘沔水下統達軍，與達會上庸。上庸太守申耽舉衆降，遣妻子及宗族詣成都。先主加耽征北將軍，領上庸太守員鄉侯如故，以耽弟儀爲建信將軍、西城太守，遷封爲副軍將軍。自關羽圍樊城、襄陽，連呼封、達，令發兵自助。封、達辭以山郡初附，未可動摇，不承羽命。會羽覆敗，先主恨之。又封與達忿爭不和，封尋奪達鼓吹。達既懼罪，又忿恚封，遂表辭先主，率所領降魏。魏文帝善達之姿才容觀，以爲散騎常侍、建武將軍，封平陽亭侯。合房陵、上庸、西城三郡爲新城郡，以達領新城太守。遣征南將軍夏侯尚、右將軍徐晃與達共襲封。達與封書曰：

古人有言：「疏不間親，新不加舊。」此謂上明下直，讒慝不行也。若乃權君譎主，賢父慈親，

猶有忠臣蹈功以罹禍，孝子抱仁以陷難，種、商、白起、孝己、伯奇，皆其類也。其所以然，非骨肉好離，親親樂患也。或有恩移愛易，亦有讒間其間，雖忠臣不能移之於君，孝子不能變之於父者也。勢利所加，改親爲讎，況非親親乎！故申生、衛伋、禦寇、楚建禀受形之氣，當嗣立之正，而猶如此。今足下與漢中王，道路之人耳，親非骨血而據勢權，義非君臣而處上位，征則有偏任之威，居則有副軍之號，遠近所聞也。自立阿斗爲太子已來，有識之人相爲寒心。如使申生從子輿之言，必爲太伯；衛伋聽其弟之謀，無彰父之譏也。且小白出奔，入而爲霸；重耳逾垣，卒以克復。自古有之，非獨今也。

夫智貴免禍，明尚夙達，僕揆漢中王慮定於內，疑生於外矣；慮定則心固，疑生則心懼，亂禍之興作，未曾不由廢立之間也。私怨人情，不能不見，恐左右必有以間於漢中王矣。然則疑成怨聞，其發若踐機耳。今足下在遠，尚可假息一時；若大軍遂進，足下失據而還，竊相爲危之。昔微子去殷，智果别族，違難背禍，猶皆如斯。今足下棄父母而爲人後，非禮也；知禍將至而留之，非智也；見正不從而疑之，非義也。自號爲丈夫，爲此三者，何所貴乎？以足下之才，棄身來東，繼嗣羅侯，不爲背親也；北面事君，以正綱紀，不爲棄舊也；怒不致亂，以免危亡，不爲徒行也。加陛下新受禪命，虚心側席，以德懷遠，若足下翻然内向，非但與僕爲倫，受三百户封，繼統羅國而已，當更剖符大邦，爲始封之君。陛下大軍，金鼓以震，當轉都宛、鄧；若二敵不平，軍無還期。足下宜因此時早定良計。《易》有「利見大人」，《詩》有「自求多福」，行矣。今足下勉之，無使狐突閉門不出。

封不從達言。

申儀叛封，封破走還成都。申耽降魏，魏假耽懷集將軍，徙居南陽，儀魏興太守，封員鄉侯，屯洵口。封既至，先主責封之侵陵達，又不救羽。諸葛亮慮封剛猛，易世之後終難制御，勸先主因此除之。於是賜封死，使自裁。封歎曰：『恨不用孟子度之言！』先主爲之流涕。達本字子敬，避先主叔父敬，改之。

彭羕字永年，廣漢人。身長八尺，容貌甚偉。姿性驕傲，多所輕忽，惟敬同郡秦子勑，薦之於太守許靖曰：『昔高宗夢傳說，周文求吕尚，爰及漢祖，納食其於布衣，此乃帝王之所以倡業垂統，緝熙厥功也。今明府稽古皇極，允執神靈，體公劉之德，行勿翦之惠，《清廟》之作於是乎始，褒貶之義於是乎興，然而六翮未之備也。伏見處士緜竹秦宓，膺山甫之德，履雋生之直，枕石漱流，吟詠緼袍，偃息於仁義之途，恬惔於浩然之域，高概節行，守真不虧，雖古人潛遁，蔑以加旃。若明府能招致此人，必有忠讜落落之譽，豐功厚利，建迹立勳，然後紀功於王府，飛聲於來世，不亦美哉！』

羕仕州，不過書佐，後又爲衆人所謗毁於州牧劉璋，璋髡鉗羕爲徒隸。會先主入蜀，泝流北行。羕欲納說先主，乃往見龐統。統與羕非故人，又適有賓客，羕徑上統床卧，謂統曰：『須客罷當與卿善談。』統客既罷，往就羕坐，羕又先責統食，然後共語，因留信宿，至于經日。統大善之，而法正宿自知羕，遂並致之先主。先主亦以爲奇，數令羕宣傳軍事，指授諸將，奉使稱意，識遇日加。成都既定，先主領益州牧，拔羕爲治中從事。羕起徒步，一朝處州人之上，形色囂然，自矜得遇滋甚。諸葛亮雖外接待羕，而內不能善。屢密言先主，羕心大志廣，難可保安。先主既敬信亮，加察羕行事，意以稍疏，左遷羕爲江陽太守。

羕聞當遠出，私情不悦，往詣馬超。超問羕曰：『卿才具秀拔，主公相待至重，謂卿當與孔明、孝直諸人齊足並驅，寧當外授小郡，失人本望乎？』羕曰：『老革荒悖，可復道邪！』又謂超曰：『卿爲其外，我爲其內，天下不足定也。』超羈旅歸國，常懷危懼，聞羕言大驚，默然不答。羕退，具表羕辭，於是收羕付有司。

羕於獄中與諸葛亮書曰：『僕昔有事於諸侯，以爲曹操暴虐，孫權無道，振威闇弱，其惟主公有霸王之器，可與興業致治，故乃翻然有輕舉之志。會公來西，僕因法孝直自衒鬻，龐統斟酌其間，遂得詣公於葭萌，指掌而譚，論治世之務，講霸王之義，建取益州之策，公亦宿慮明定，即相然贊，遂舉事焉。僕於故州不免凡庸，憂於罪罔，得遭風雲激矢之中，求君得君，志行名顯，從布衣之中擢爲國士，盜竊茂才。分子之厚，誰復過此。羕一朝狂悖，自求葅醢，爲不忠不義之鬼乎！先民有言，左手據天下之圖，右手刎咽喉，愚夫不爲也。况僕頗别菽麥者哉！所以有怨望意者，不自度量，苟以爲首興事業，而有投江陽之論，不解主公之意，意卒感激，頗以被酒，俛失「老」語。此僕之下愚薄慮所致，主公實未老也。且夫立業，豈在老少，西伯九十，寧有衰志，負我慈父，罪有百死。至於内外之言，欲使孟起立功北州，戮力主公，共討曹操耳，寧敢有他志邪？孟起說之是也，但不分别其間，痛人心耳。昔每與龐統共相誓約，庶托足下末踪，盡心於主公之業，追名古人，載勳竹帛。統不幸而死，僕敗以取禍。自我墮之，將復誰怨！足下，當世伊、呂也，宜善與主公計事，濟其大猷。天明地察，神祇有靈，復何言哉！貴使足下明僕本心耳。行矣努力，自愛，自愛！」羕竟誅死，時年三十七。

廖立字公淵，武陵臨沅人。先主領荊州牧，辟為從事，年未三十，擢為長沙太守。先主入蜀，諸葛亮鎮荊土，孫權遣使通好於亮，因問士人皆誰相經緯者，亮答曰：「龐統、廖立，楚之良才，當贊興世業者也。」建安二十年，權遣呂蒙奄襲南三郡，立脫身走，自歸先主。先主素識待之，不深責，以為巴郡太守。二十四年，先主為漢中王，徵立為侍中。後主襲位，徙長水校尉。

立本意，自謂才名宜為諸葛亮之貳，而更遊散在李嚴等下，常懷怏怏。後丞相掾李邵、蔣琬至，立計曰：「軍當遠出，卿諸人好諦其事。昔先帝不取漢中，走與吳人爭南三郡，卒以三郡與吳人，徒勞役吏士，無益而還。既亡漢中，使夏侯淵、張郃深入于巴，幾喪一州。後至漢中，使關侯身死無孑遺，上庸覆敗，徒失一方。是羽怙恃勇名，作軍無法，直以意突耳，故前後數喪師眾也。如向朗、文恭，凡俗之人耳。恭作治中無綱紀；朗昔奉馬良兄弟，謂為聖人，今作長史，素能合道。中郎郭演長，從人者耳，不足與經大事，而作侍中。今弱世也，欲任此三人，為不然也。王連流俗，苟作掊克，使百姓疲弊，以致今日。」邵、琬具白其言於諸葛亮。亮表立曰：「長水校尉廖立，坐自貴大，臧否群士，公言國家不任賢達而任俗吏，又言萬人率者皆小子也；誹謗先帝，疵毀眾臣。人有言國家兵眾簡練，部伍分明者，立舉頭視屋，憤咤作色曰：『何足言！』凡如是者不可勝數。羊之亂群，猶能為害，況立托在大位，中人以下識真偽邪？」於是廢立為民，徙汶山郡。立躬率妻子耕殖自守，聞諸葛亮卒，垂泣嘆曰：「吾終為左衽矣！」後監軍姜維率偏軍經汶山，詣立，稱立意氣不衰，言論自若。立遂終徙所。妻子還蜀。

李嚴字正方，南陽人也。少為郡職吏，以才幹稱。荊州牧劉表使歷諸郡縣。曹公入荊州時，嚴宰秭歸，遂西詣蜀，劉璋以為成都令，復有能名。建安十八年，署嚴為護軍，拒先主於緜竹。嚴率眾降先主，先主拜嚴裨將軍。成都既定，為犍為太守、興業將軍。二十三年，盜賊馬秦、高勝等起事於郪，合聚部伍數萬人，到資中縣。時先主在漢中，嚴不更發兵，但率將郡士五千人討之，斬秦、勝等首。枝黨星散，悉復民籍。又越巂夷率高定遣軍圍新道縣，嚴馳往赴救，賊皆破走。加輔漢將軍，領郡如故。章武二年，先主徵嚴詣永安宮，拜尚書令。三年，先主疾病，嚴與諸葛亮並受遺詔輔少主；以嚴為中都護，統內外軍事，留鎮永安。建興元年，封都鄉侯，假節，加光祿勳。四年，轉為前將軍。以諸葛亮欲出軍漢中，嚴當知後事，移屯江州，留護軍陳到駐永安，皆統屬嚴。嚴與孟達書曰：「吾與孔明俱受寄托，憂深責重，思得良伴。」亮亦與達書曰：「部分如流，趨捨罔滯，正方性也。」其見貴重如此。八年，遷驃騎將軍。以曹真欲三道向漢川，亮命嚴將二萬人赴漢中。亮表嚴子豐為江州都督督軍，典嚴後事。亮以明年當出軍，命嚴以中都護署府事。嚴改名為平。

九年春，亮軍祁山，平催督運事。秋夏之際，值天霖雨，運糧不繼，平遣參軍狐忠、督軍成藩喻指，呼亮來還；亮承以退軍。平聞軍退，乃更陽驚，說「軍糧饒足，何以便歸」！欲以解己不辦之責，顯亮不進之愆也。又表後主，説『軍僞退，欲以誘賊與戰』。亮具出其前後手筆書疏本末，平違錯章灼。平辭窮情竭，首謝罪負。於是亮表平曰：『自先帝崩後，平所在治家，尚爲小惠，安身求名，無憂國之事。臣當北出，欲得平兵以鎮漢中，平窮難縱横，無有來意，而求以五郡爲巴州刺史。去年臣欲西征，欲令平主督漢中，平説司馬懿等開府辟召。臣知平鄙情，欲因行之際偪臣取利也，是以表平子豐督主江州，隆崇其遇，以取一時之務。平至之日，都委諸事，群臣上下皆怪臣待平之厚也。正以大事未定，漢室傾危，伐平之短，莫若褒之。然謂平情在於榮利而已，不意平心顛倒乃爾。若事稽留，將致禍敗，是臣不敏，言多增咎。』乃廢平爲民，徙梓潼郡。十二年，平聞亮卒，發病死。平常冀亮當自補復，策後人不能，故以激憤也。豐官至朱提太守。

劉琰字威碩，魯國人也。先主在豫州，辟爲從事，以其宗姓，有風流，善談論，厚親待之，遂隨從周旋，常爲賓客。先主定益州，以琰爲固陵太守。後主立，封都鄉侯，班位每亞李嚴，爲衛尉中軍師後將軍，遷車騎將軍。然不豫國政，但領兵千餘，隨丞相亮諷議而已。車服飲食，號爲侈靡，侍婢數十，皆能爲聲樂，又悉教誦讀《魯靈光殿賦》。建興十年，與前軍師魏延不和，言語虚誕，亮責讓之。琰與亮箋謝曰：『琰稟性空虚，本薄操行，加有酒荒之病，自先帝以來，紛紜之論，殆將傾覆。頗蒙明公本其一心在國，原其身中穢垢，扶持全濟，致其禄位，以至今日。閒者迷醉，言有違錯，慈恩含忍，不致之于理，使得全完，保育性命。雖必克己責躬，改過投死，以誓神靈；無所用命，則靡寄顔。』於是亮遣琰還成都，官位如故。

琰失志慌惚。十二年正月，琰妻胡氏入賀太后，太后令特留胡氏，經月乃出。胡氏有美色，琰疑其與後主有私，呼五百撾胡，至於以履搏面，而後棄遣。胡具以告言琰，琰坐下獄。有司議曰：『卒非撾妻之人，面非受履之地。』琰竟棄市。自是大臣妻母朝慶遂絶。

魏延字文長，義陽人也。以部曲隨先主入蜀，數有戰功，遷牙門將軍。先主爲漢中王，遷治成都，當得重將以鎮漢川，衆論以爲必在張飛，飛亦以心自許。先主乃拔延爲督漢中鎮遠將軍，領漢中太守，一軍盡驚。先主大會群臣，問延曰：『今委卿以重任，卿居之欲云何？』延對曰：『若曹操舉天下而來，請爲大王拒之；偏將十萬之衆至，請爲大王吞之。』先主稱善，衆咸壯其言。先主踐尊號，進拜鎮北將軍。建興元年，封都亭侯。五年，諸葛亮駐漢中，更以延爲督前部，領丞相司馬、涼州刺史，八年，使延西入羌中，魏後將軍費瑶、雍州刺史郭淮與延戰于陽谿，延大破淮等，遷爲前軍師征西大將軍，假節，進封南鄭侯。

延每隨亮出，輒欲請兵萬人，與亮異道會于潼關，如韓信故事，亮制而不許。延常謂亮爲怯，嘆恨己才用之不盡。延既善養士卒，勇猛過人，又性矜高，當時皆避下之。唯楊儀不假借延，延以爲至忿，有如水火。十二年，亮出北谷口，延爲前鋒。出亮營十里，延夢頭上生角，以問占夢趙直，直詐延曰：『夫麒麟有角而不用，此不戰而賊欲自破之象也。』退而告人曰：『角之爲字，刀下用也；頭上用刀，其凶甚矣。』

秋，亮病困，密與長史楊儀、司馬費禕、護軍姜維等作身殁之後退軍節度，令延斷後，姜維次以嚴為中都護,統內外軍事,留鎮永安。建興元年,封都鄉侯,假節,加光祿勳。四年,轉為前將軍。以諸葛亮欲出軍漢中,嚴當知後事,移屯江州,留護軍陳到駐永安,皆統屬嚴。嚴與孟達書曰:「吾與孔明俱受寄託,憂深責重,思得良伴。」亮亦與達書曰:「部分如流,趨舍罔滯,正方性也。」其見貴重如此。八年,遷驃騎將軍。以曹真欲三道向漢川,亮命嚴將二萬人赴漢中。亮表嚴子豐為江州都督督軍,典嚴後事。嚴改名為平。

九年春,亮軍祁山,平催督運事。秋夏之際,值天霖雨,運糧不繼,平遣參軍狐忠、督軍成藩喻指,呼亮來還;亮承以退軍。平聞軍退,乃更陽驚,說「軍糧饒足,何以便歸」!欲以解己不辦之責,顯亮不進之愆也。又表後主,說「軍偽退,欲以誘賊與戰」。亮具出其前後手筆書疏本末,平違錯章灼。平辭窮情竭,首謝罪負。於是亮表平曰:「自先帝崩後,平所在治家,尚為小惠,安身求名,無憂國之事。臣當北出,欲得平兵以鎮漢中,平窮難縱橫,無有來意,而求以五郡為巴州刺史。去年臣欲西征,欲令平主督漢中,平說司馬懿等開府辟召。臣知平鄙情,欲因行之際偪臣取利也,是以表平子豐督主江州,隆崇其遇,以取一時之務。平至之日,都委諸事,群臣上下皆怪臣待平之厚也。正以大事未定,漢室傾危,伐平之短,莫若褒之。然謂平情在於榮利而已,不意平心顛倒乃爾。若事稽留,將致禍敗,是臣不敏,言多增咎。」乃廢平為民,徙梓潼郡。

十二年,平聞亮卒,發病死。平常冀亮當自補復,策後人不能,故以激憤也。豐官至朱提太守。

諸葛亮公文上尚書曰:「平為大臣,受恩過量,不思忠報,橫造無端,危恥不辦,迷罔上下,論獄棄科,導人為奸,狹情急性,外順內違,輒與行中軍師車騎將軍都鄉侯臣劉琰、使持節前軍師征西大將軍領涼州刺史南鄭侯臣魏延、前將軍都亭侯臣袁綝、左將軍領荊州刺史高陽鄉侯臣吳壹、督前部右將軍玄鄉侯臣高翔、督後部後將軍安樂亭侯臣吳班、領長史綏軍將軍臣楊儀、督左部行中監軍揚武將軍臣鄧芝、行前監軍征南將軍臣劉巴、行中護軍偏將軍臣費禕、行中參軍昭武中郎將臣丁咸、行中參軍建義將軍臣閻晏、行參軍偏將軍臣爨習、行參軍裨將軍臣杜義、行參軍武略中郎將臣杜祺、行參軍綏戎都尉盛勃、領從事中郎武略中郎將臣樊岐等議,輒解平任,免官祿、節傳、印綬、符策,削其爵土。」

亮又與平子豐教曰:「吾與君父子戮力以獎漢室,此神明所聞,非但人知之也。表都護典漢中,委君於東關者,不與人議也。謂至心感動,終始可保,何圖中乖乎!昔楚卿屢絀,亦乃克復,思道則福,應自然之數也。願寬慰都護,勤追前闕。今雖解任,形業失故,奈何不楚!但以遠小之利,失其本業,取負罪之名,自貽伊戚,吾不忍也。可不慎歟!可不慎歟!若都護思負一意,君與公琰推心從事者,否可復通,逝可復還也。詳思斯戒,明吾用心,臨書長歎,涕泣而已。」

三國志卷四十一

蜀書十一

霍王向張楊費傳第十一

霍峻字仲邈，南郡枝江人也。兄篤，於鄉里合部曲數百人。篤卒，荆州牧劉表令峻攝其衆。表卒，峻率衆歸先主，先主以峻爲中郎將。先主自葭萌南還襲劉璋，留峻守葭萌城。張魯遣將楊帛誘峻，求共守城，峻曰：『小人頭可得，城不可得。』帛乃退去。後璋將扶禁、向存等帥萬餘人由閬水上，攻圍峻，且一年，不能下。峻城中兵才數百人，伺其怠隙，選精鋭出擊，大破之，即斬存首。先主定蜀，嘉峻之功，乃分廣漢爲梓潼郡，以峻爲梓潼太守、裨將軍。在官三年，年四十卒，還葬成都。先主甚悼惜，乃詔諸葛亮曰：『峻既佳士，加有功於國，欲行酹。』遂親率群僚臨會吊祭，因留宿墓上，當時榮之。

子弋，字紹先，先主末年爲太子舍人。後主踐阼，除謁者。丞相諸葛亮北駐漢中，請爲記室，使與子喬共周旋游處。亮卒，爲黄門侍郎。後主立太子璿，以弋爲中庶子，璿好騎射，出入無度，弋援引古義，盡言規諫，甚得切磋之體。後爲參軍庲降屯副貳都督，又轉護軍，統事如前。時永昌郡夷獠恃險不賓，數爲寇害，乃以弋領永昌太守，率偏軍討之，遂斬其豪帥，破壞邑落，郡界寧静。遷監軍翊軍將軍，領建寧太守，還統南郡事。景耀六年，進號安南將軍。是歲，蜀并于魏。弋與巴東領軍襄陽羅憲各保全一方，舉以内附，咸因仍前任，寵待有加。

王連字文儀，南陽人也。劉璋時入蜀，爲梓潼令。先主起事葭萌，進軍來南，連閉城不降，先主義之，不强偪也。及成都既平，以連爲什邡令，轉在廣都，所居有績。遷司鹽校尉，較鹽鐵之利，利入甚多，有裨國用，於是簡取良才以爲官屬，若吕乂、杜祺、劉幹等，終皆至大官，自連所拔也。遷蜀郡太守、興業將軍，領鹽府如故。建興元年，拜屯騎校尉，領丞相長史，封平陽亭侯。時南方諸郡不賓，諸葛亮將自征之，連諫以爲『此不毛之地，疫癘之鄉，不宜以一國之望，冒險而行』。亮慮諸將才不及己，意欲必往，而連言輒懇至，故停留者久之。會連卒。子山嗣，官至江陽太守。

向朗字巨達，襄陽宜城人也。荆州牧劉表以爲臨沮長。表卒，歸先主。先主定江南，使朗督秭歸、夷道、巫、夷陵四縣軍民事。蜀既平，以朗爲巴西太守，頃之轉任牂牁，又徙房陵。後主踐阼，爲步兵校尉，代王連領丞相長史。丞相亮南征，朗留統後事。五年，隨亮漢中。朗素與馬謖善，謖逃亡，朗知情不舉，亮恨之，免官還成都。數年，爲光禄勳，亮卒後徙左將軍，追論舊功，封顯明亭侯，位特進。初，朗少時雖涉獵文學，然不治素檢，以吏能見稱。自去長史，優游無事垂三十年，乃更潛心典籍，孜孜不倦。年逾八十，猶手自校書，刊定謬誤，積聚篇卷，於時最多。開門接賓，誘納後進，但講論古義，不干時事，以是見稱。上自執政，下及童冠，皆敬重焉。延熙十年卒。子條嗣，景耀中爲御史中丞。

朗兄子寵，先主時爲牙門將。秭歸之敗，寵營特完。建興元年封都亭侯，後爲中部督，典宿衛兵。諸葛亮當北行，表與後主曰：『將軍向寵，性行淑均，曉暢軍事，試用於昔，先帝稱之曰能，是以

衆論舉寵爲督。愚以爲營中之事，悉以咨之，必能使行陳和睦，優劣得所也。』遷中領軍。延熙三年，征漢嘉蠻夷，遇害。寵弟充，歷射聲校尉尚書。

張裔字君嗣，蜀郡成都人也。治《公羊春秋》，博涉《史》、《漢》。汝南許文休入蜀，謂裔幹理敏捷，是中夏鍾元常之倫也。劉璋時，舉孝廉，爲魚復長，還州署從事，領帳下司馬。張飛自荆州由墊江入，璋授裔兵，拒張飛於德陽陌下，軍敗，還成都。爲璋奉使詣先主，先主許以禮其君而安其人也，裔還，城門乃開。先主以裔爲巴郡太守，還爲司金中郎將，典作農戰之器。先是，益州郡殺太守正昂，耆率雍闓恩信著於南土，使命周旋，遠通孫權。乃以裔爲益州太守，徑往至郡。闓遂趑趄不賓，假鬼教曰：『張府君如瓠壺，外雖澤而內實粗，不足殺，令縛與吴。』於是遂送裔於權。

會先主薨，諸葛亮遣鄧芝使吴，亮令芝言次可從權請裔。裔自至吴數年，流徙伏匿，權未之知也，故許芝遣裔。裔臨發，權乃引見，問裔曰：『蜀卓氏寡女，亡奔司馬相如，貴土風俗何以乃爾乎？』裔對曰：『愚以爲卓氏之寡女，猶賢於買臣之妻。』權又謂裔曰：『君還，必用事西朝，終不作田父於閭里也，將何以報我？』裔對曰：『裔負罪而歸，將委命有司。若蒙徼倖得全首領，五十八已前父母之年也，自此已後大王之賜也。』權言笑歡悦，有器裔之色。裔出閤，深悔不能陽愚，即便就船，倍道兼行。權果追之，裔已入永安界數十里，追者不能及。

既至蜀，丞相亮以爲參軍，署府事，又領益州治中從事。亮出駐漢中，裔以射聲校尉領留府長史，常稱曰：『公賞不遺遠，罰不阿近，爵不可以無功取，刑不可以貴勢免，此賢愚之所以僉忘其身者也。』其明年，北詣亮諮事，送者數百，車乘盈路，裔還書與所親曰：『近者涉道，晝夜接賓，不得寧息，人自敬丞相長史，男子張君嗣附之，疲倦欲死。』其談啁流速，皆此類也。少與犍爲楊恭友善，恭早死，遺孤未數歲，裔迎留，與分屋而居，事恭母如母。恭之子息長大，爲之娶婦，買田宅産業，使立門户。撫恤故舊，振贍衰宗，行義甚至。加輔漢將軍，領長史如故。建興八年卒。子毣嗣，歷三郡守監軍。毣弟郁，太子中庶子。

楊洪字季休，犍爲武陽人也。劉璋時歷部諸郡。先主定蜀，太守李嚴命爲功曹。嚴欲徙郡治舍，洪固諫不聽，遂辭功曹，請退。嚴欲薦洪於州，爲蜀部從事。先主爭漢中，急書發兵，軍師將軍諸葛亮以問洪，洪曰：『漢中則益州咽喉，存亡之機會，若無漢中則無蜀矣，此家門之禍也。方今之事，男子當戰，女子當運，發兵何疑。』時蜀郡太守法正從先主北行，亮於是表洪領蜀郡太守，衆事皆辦，遂使即真。頃之，轉爲益州治中從事。

先主既稱尊號，征吴不克，還住永安。漢嘉太守黄元素爲諸葛亮所不善，聞先主疾病，懼有後患，舉郡反，燒臨邛城。時亮東行省疾，成都單虚，是以元益無所憚。洪即啓太子，遣其親兵，使將軍陳曶、鄭綽討元。衆議以爲元若不能圍成都，當由越嶲據南中，洪曰：『元素性凶暴，無他恩信，何能辦此？不過乘水東下，冀主上平安，面縛歸死；如其有異，奔吴求活耳。敕曶、綽但於南安峽口遮即便得矣。』曶、綽承洪言，果生獲元。洪建興元年賜爵關内侯，復爲蜀郡太守、忠節將軍，後爲越騎校尉，領郡如故。

三國志卷四十二

蜀書十二

杜周杜許孟來尹李譙郤傳第十二

杜微字國輔，梓潼涪人也。少受學於廣漢任安。劉璋辟爲從事，以疾去官。及先主定蜀，微常稱聾，閉門不出。建興二年，丞相亮領益州牧，選迎皆妙簡舊德，以秦宓爲別駕，五梁爲功曹，微爲主簿。微固辭，轝而致之。既致，亮引見微，微自陳謝。亮以微不聞人語，於坐上與書曰：『服聞德行，飢渴歷時，清濁異流，無緣咨覯。王元泰、李伯仁、王文儀、楊季休、丁君幹、李永南兄弟、文仲寶等，每歎高志，未見如舊。猥以空虛，統領貴州，德薄任重，慘慘憂慮。朝廷今年始十八，天姿仁敏，愛德下士。天下之人思慕漢室，欲與君因天順民，輔此明主，以隆季興之功，著勳於竹帛也。以謂賢愚不相爲謀，故自割絶，守勞而已，不圖自屈也。』微自乞老病求歸，亮又與書答曰：『曹丕篡弒，自立爲帝，是猶土龍芻狗之有名也。欲與群賢因其邪僞，以正道滅之。怪君未有相誨，便欲求還於山野。丕又大興勞役，以向吳、楚。今因丕多務，且以閉境勤農，育養民物，並治甲兵，以待其挫，然後伐之，可使兵不戰民不勞而天下定也。君但當以德輔時耳，不責君軍事，何爲汲汲欲求去乎！』其敬微如此。拜爲諫議大夫，以從其志。

五梁者，字德山，犍爲南安人也，以儒學節操稱。從議郎遷諫議大夫、五官中郎將。

周群字仲直，巴西閬中人也。父舒，字叔布，少學術於廣漢楊厚，名亞董扶、任安。數被徵，終不

詣。時人有問：『《春秋讖》曰代漢者當塗高，此何謂也？』舒曰：『當塗高者，魏也。』鄉黨學者私傳其語。群少受學於舒，專心候業。於庭中作小樓，家富多奴，常令奴更直於樓上視天災，纔見一氣，即白群，群自上樓觀之，不避晨夜。故凡有氣候，無不見之者，是以所言多中。州牧劉璋，辟以爲師友從事。先主定蜀，署儒林校尉。先主欲與曹公爭漢中，問群，群對曰：『當得其地，不得其民也。若出偏軍，必不利，當戒慎之！』時州後部司馬蜀郡張裕亦曉占候，而天才過群，諫先主曰：『不可爭漢中，軍必不利。』先主竟不用裕言，果得地而不得民也。遣將軍吳蘭、雷銅等人武都，皆没不還，悉如群言。於是舉群茂才。

裕又私語人曰：『歲在庚子，天下當易代，劉氏祚盡矣。主公得益州，九年之後，寅卯之間當失之。』人密白其言。初，先主與劉璋會涪時，裕爲璋從事，侍坐。其人饒鬚，先主嘲之曰：『昔吾居涿縣，特多毛姓，東西南北皆諸毛也，涿令稱曰「諸毛繞涿居乎」！』裕即答曰：『昔有作上黨潞長，遷爲涿令者，去官還家，時人與書，欲署潞則失涿，欲署涿則失潞，乃署曰「潞涿君」。』先主無鬚，故裕以此及之。先主常銜其不遜，加忿其漏言，乃顯裕諫爭漢中不驗，下獄，將誅之。諸葛亮表請其罪，先主答曰：『芳蘭生門，不得不鉏。』裕遂棄市。後魏氏之立，先主之薨，皆如裕所刻。又曉相術，每舉鏡視面，自知刑死，未嘗不撲之於地也。

群卒，子巨頗傳其術。

杜瓊字伯瑜，蜀郡成都人也。少受學於任安，精究安術。劉璋時辟爲從事。先主定益州，領牧，

以瓊爲議曹從事。後主踐阼，拜諫議大夫，遷左中郎將、大鴻臚、太常。爲人靜默少言，闔門自守，不與世事。蔣琬、費禕等皆器重之。雖學業入深，初不視天文有所論説。後進通儒譙周常問其意，瓊答曰：『欲明此術甚難，須當身視，識其形色，不可信人也。晨夜苦劇，然後知之，復憂漏泄，不如不知，是以不復視也。』周因問曰：『昔周徵君以爲當塗高者魏也，其義何也？』瓊答曰：『魏，闕名也，當塗而高，聖人取類而言耳。』又問周曰：『寧復有所怪邪？』周曰：『未達也。』瓊又曰：『古者名官職不言曹；始自漢已來，名官盡言曹，吏言屬曹，卒言侍曹，此殆天意也。』瓊年八十餘，延熙十三年卒。著《韓詩章句》十餘萬言，不教諸子，內學無傳業者。周緣瓊言，乃觸類而長之曰：『《春秋傳》著晉穆侯名太子曰仇，弟曰成師。師服曰：「異哉君之名子也！嘉耦曰妃，怨耦曰仇，今君名太子曰仇，弟曰成師，始兆亂矣，兄其替乎？」其後果如服言。及漢靈帝名二子曰史侯、董侯，既立爲帝，後皆免爲諸侯，與師服言相似也。先主諱備，其訓具也，後主諱禪，其訓授也，如言劉已具矣，當授與人也；意者甚於穆侯、靈帝之名子。』後宦人黄皓弄權於內，景耀五年，宮中大樹無故自折，周深憂之，無所與言，乃書柱曰：『衆而大，期之會，具而授，若何復？』言曹者衆也，魏者大也，衆而大，天下其當會也，具而授，如何復有立者乎？蜀既亡，咸以周言爲驗。周曰：『此雖己所推尋，然有所因，由杜君之辭而廣之耳，殊無神思獨至之異也。』

許慈字仁篤，南陽人也。師事劉熙，善鄭氏學，治《易》、《尚書》、《三禮》、《毛詩》、《論語》。建安中，與許靖等俱自交州入蜀。時又有魏郡胡潛，字公興，不知其所以在益土。潛雖學不沾洽，然

卓犖强識，祖宗制度之儀，喪紀五服之數，皆指掌畫地，舉手可采。先主定蜀，承喪亂歷紀，學業衰廢，乃鳩合典籍，沙汰衆學，慈、潛並爲博士，與孟光、來敏等典掌舊文。值庶事草創，動多疑議，慈、潛更相克伐，謗讟忿爭，形於聲色；書籍有無，不相通借，時尋楚撻，以相震撼。其矜己妒彼，乃至於此。先主愍其若斯，群僚大會，使倡家假爲二子之容，效其訟鬩之狀，酒酣樂作，以爲嬉戲，初以辭義相難，終以刀杖相屈，用感切之。潛先没，慈後主世稍遷至大長秋，卒。子勛傳其業，復爲博士。

孟光字孝裕，河南洛陽人，漢太尉孟郁之族。靈帝末爲講部吏。獻帝遷都長安，遂逃入蜀，劉焉父子待以客禮。博物識古，無書不覽，尤鋭意三史，長於漢家舊典。好公羊《春秋》而譏呵左氏，每與來敏爭此二義，光常譊譊讙咋。先主定益州，拜爲議郎，與許慈等並掌制度。後主踐阼，爲符節令、屯騎校尉、長樂少府，遷大司農。延熙九年秋，大赦，光於衆中責大將軍費禕曰：『夫赦者，偏枯之物，非明世所宜有也。衰弊窮極，必不得已，然後乃可權而行之耳。今主上仁賢，百僚稱職，有何旦夕之危，倒懸之急，而數施非常之恩，以惠奸宄之惡乎？又鷹隼始擊，而更原宥有罪，上犯天時，下違人理。老夫耄朽，不達治體，竊謂斯法難以經久，豈具瞻之高美，所望於明德哉！』禕但顧謝踧踖而已。光之指摘痛癢，多如是類，故執政重臣，心不能悦，爵位不登；每直言無所回避，爲代所嫌。太常廣漢鐔承、光禄勳河東裴儁等，年資皆在光後，而登據上列，處光之右，蓋以此也。

後進文士秘書郎郤正數從光諮訪，光問正太子所習讀并其情性好尚，正答曰：『奉親虔恭，夙

夜匪懈，有古世子之風；接待群僚，舉動出於仁恕。』光曰：『如君所道，皆家戶所有耳；吾今所問，欲知其權略智調何如也。』正曰：『世子之道，在於承志竭歡，既不得妄有所施爲，且智調藏於胸懷，權略應時而發，此之有無，焉可豫設也？』光解正慎宜，不爲放談，乃曰：『吾好直言，無所回避，每彈射利病，爲世人所譏嫌；省君意亦不甚好吾言，然語有次。今天下未定，智意爲先，智意雖有自然，然亦可力强致也。此儲君讀書，寧當效吾等竭力博識以待訪問，如博士探策講試以求爵位邪！當務其急者。』正深謂光言爲然。後光坐事免官，年九十餘卒。

來敏字敬達，義陽新野人，來歙之後也。父豔，爲漢司空。漢末大亂，敏隨姊奔荆州，姊夫黄琬是劉璋祖母之侄，故璋遣迎琬妻，敏遂俱與姊入蜀，常爲璋賓客。涉獵書籍，善左氏《春秋》，尤精於《倉》、《雅》訓詁，好是正文字。先主定益州，署敏典學校尉，及立太子，以爲家令。後主踐阼，爲虎賁中郎將。丞相亮住漢中，請爲軍祭酒、輔軍將軍，坐事去職。亮卒後，還成都爲大長秋，又免，後累遷爲光禄大夫，復坐過黜。前後數貶削，皆以語言不節，舉動違常也。時孟光亦以樞機不慎，議論干時，然猶愈於敏，俱以其耆宿學士見禮於世。而敏荆楚名族，東宫舊臣，特加優待，是故廢而復起。後以敏爲執慎將軍，欲令以官重自警戒也。年九十七，景耀中卒。子忠，亦博覽經學，有敏風，與尚書向充等並能協贊大將軍姜維。維善之，以爲參軍。

尹默字思潛，梓潼涪人也。益部多貴今文而不崇章句，默知其不博，乃遠游荆州，從司馬德操、宋仲子等受古學。皆通諸經史，又專精於左氏《春秋》，自劉歆條例，鄭衆、賈逵父子、陳元、服虔注説，咸略誦述，不復按本。先主定益州，領牧，以爲勸學從事。及立太子，以默爲僕，以《左氏傳》授後主。後主踐阼，拜諫議大夫。丞相亮住漢中，請爲軍祭酒。亮卒，還成都，拜太中大夫，卒。子宗傳其業，爲博士。

李譔字欽仲，梓潼涪人也。父仁，字德賢，與同縣尹默俱游荆州，從司馬徽、宋忠等學。譔具傳其業，又從默講論義理，五經、諸子，無不該覽，加博好技藝，算術、卜數、醫藥、弓弩、機械之巧，皆致思焉。始爲州書佐、尚書令史。延熙元年，後主立太子，以譔爲庶子，遷爲僕。轉中散大夫、右中郎將，猶侍太子。太子愛其多知，甚悦之。然體輕脱，好戲啁，故世不能重也。著古文《易》、《尚書》、《毛詩》、《三禮》、《左氏傳》、《太玄指歸》，皆依準賈、馬，異於鄭玄。與王氏殊隔，初不見其所述，而意歸多同。景耀中卒。時又有漢中陳術，字申伯，亦博學多聞，著《釋問》七篇、《益部耆舊傳》及《志》，位歷三郡太守。

譙周字允南，巴西西充國人也。父𡸫，字榮始，治《尚書》，兼通諸經及圖、緯。州郡辟請，皆不應，州就假師友從事。周幼孤，與母兄同居。既長，耽古篤學，家貧未嘗問産業，誦讀典籍，欣然獨笑，以忘寢食。研精《六經》，尤善書札。頗曉天文，而不以留意；諸子文章非心所存，不悉遍視也。身長八尺，體貌素朴，性推誠不飾，無造次辯論之才，然潛識内敏。

建興中，丞相亮領益州牧，命周爲勸學從事。亮卒於敵庭，周在家聞問，即便奔赴，尋有詔書禁斷，惟周以速行得達。大將軍蔣琬領刺史，徙爲典學從事，總州之學者。

三國志

魏書　鍾繇華歆王朗傳第十三

二五五

後主立太子，以周爲僕，轉家令。時後主頗出游觀，增廣聲樂。周上疏諫曰：『昔王莽之敗，豪傑並起，跨州據郡，欲弄神器，於是賢才智士思望所歸，未必以其勢之廣狹，惟其德之薄厚也。是故於時更始、公孫述及諸有大衆者多已廣大，然莫不快情恣欲，怠於爲善，游獵飲食，不恤民物。世祖初入河北，馮異等勸之曰：「當行人所不能爲。」遂務理冤獄，節儉飲食，動遵法度，故北州歌嘆，聲布四遠。於是鄧禹自南陽追之，吳漢、寇恂未識世祖，遥聞德行，遂以權計舉漁陽、上谷突騎迎于廣阿。其餘望風慕德者邳彤、耿純、劉植之徒，至于輿病齎棺，繦負而至者，不可勝數，故能以弱爲强，屠王郎，吞銅馬，折赤眉而成帝業也。及在洛陽，嘗欲小出，車駕已御，銚期諫曰：「天下未寧，臣誠不願陛下細行數出。」即時還車。及征隗囂，潁川盜起，世祖還洛陽，但遣寇恂往，恂曰：「潁川以陛下遠征，故奸猾起叛，未知陛下還，恐不時降；陛下自臨，潁川賊必即降。」遂至潁川，竟如恂言。故非急務，欲小出不敢，至於急務，欲自安不爲，故帝者之欲善也如此！故《傳》曰『百姓不徒附』，誠以德先之也。今漢遭厄運，天下三分，雄哲之士思望之時也。陛下天姿至孝，喪逾三年，言及隕涕，雖曾閔不過也。敬賢任才，使之盡力，有逾成康。故國内和一，大小戮力，臣所不能陳。然臣不勝大願，願復廣人所不能者。夫輓大重者，其用力苦不衆，拔大艱者，其善術苦不廣，且承事宗廟者，非徒求福祐，所以率民尊上也。至於四時之祀，或有不臨，池苑之觀，或有仍出，臣之愚滯，私不自安。夫憂責在身者，不暇盡樂，先帝之志，堂構未成，誠非盡樂之時。願省減樂官、後宮所增造，但奉脩先帝所施，下爲子孫節儉之教。』徙爲中散大夫，猶侍太子。

于時軍旅數出，百姓彫瘁，周與尚書令陳祗論其利害，退而書之，謂之《仇國論》。其辭曰：『因餘之國小，而肇建之國大，並争於世而爲仇敵。因餘之國有高賢卿者，問於伏愚子曰：「今國事未定，上下勞心，往古之事，能以弱勝强者，其術何如？」伏愚子曰：「吾聞之，處大無患者恒多慢，處小有憂者恒思善；多慢則生亂，思善則生治，理之常也。故周文養民，以少取多，勾踐恤衆，以弱斃强，此其術也。」賢卿曰：「曩者項强漢弱，相與戰争，無日寧息，然項羽與漢約分鴻溝爲界，各欲歸息民；張良以爲民志既定，則難動也，尋帥追羽，終斃項氏，豈必由文王之事乎？肇建之國方有疾疢，我因其隙，陷其邊陲，覬增其疾而斃之也。」伏愚子曰：「當殷、周之際，王侯世尊，君臣久固，民習所專；深根者難拔，據固者難遷。當此之時，雖漢祖安能杖劍鞭馬而取天下乎？當秦罷侯置守之後，民疲秦役，天下土崩，或歲改主，或月易公，鳥驚獸駭，莫知所從，於是豪强並争，虎裂狼分，疾搏者獲多，遲後者見吞。今我與肇建皆傳國易世矣，既非秦末鼎沸之時，實有六國並據之勢，故可爲文王，難爲漢祖。夫民疲勞則騷擾之兆生，上慢下暴則瓦解之形起。諺曰：『射幸數跌，不如審發。』是故智者不爲小利移目，不爲意似改步，時可而後動，數合而後舉，故湯、武之師不再戰而克，誠重民勞而度時審也。如遂極武黷征，土崩勢生，不幸遇難，雖有智者將不能謀之矣。若乃奇變縱横，出入無間，衝波截轍，超谷越山，不由舟楫而濟盟津者，我愚子也，實所不及。」』

後遷光禄大夫，位亞九列。周雖不與政事，以儒行見禮，時訪大議，輒據經以對，而後生好事者亦咨問所疑焉。

景耀六年冬，魏大將軍鄧艾克江由，長驅而前。而蜀本謂敵不便至，不作城守調度，及聞艾已入陰平，百姓擾擾，皆迸山野，不可禁制。後主使群臣會議，計無所出。或以爲蜀之與吴，本爲和國，宜可奔吴；或以爲南中七郡，阻險斗絶，易以自守，宜可奔南。惟周以爲：『自古已來，無寄他國爲天子者也，今若入吴，固當臣服。且政理不殊，則大能吞小，此數之自然也。由此言之，則魏能并吴，吴不能并魏明矣。等爲小稱臣，孰與爲大？再辱之耻，何與一辱？且若欲奔南，則當早爲之計，然後可果；今大敵以近，禍敗將及，群小之心，無一可保，恐發足之日，其變不測，何至南之有乎！』群臣或難周曰：『今艾以不遠，恐不受降，如之何？』周曰：『方今東吴未賓，事勢不得不受，受之之後，不得不禮。若陛下降魏，魏不裂土以封陛下者，周請身詣京都，以古義争之。』衆人無以易周之理。

後主猶疑於入南，周上疏曰：『或説陛下以北兵深入，有欲適南之計，臣愚以爲不安。何者？南方遠夷之地，平常無所供爲，猶數反叛，自丞相亮南征，兵勢偪之，窮乃幸從。是後供出官賦，取以給兵，以爲愁怨，此患國之人也。今以窮迫，欲往依恃，恐必復反叛，一也。北兵之來，非但取蜀而已，若奔南方，必因人勢衰，及時赴追，二也。若至南方，外當拒敵，内供服御，費用張廣，他無所取，耗損諸夷必甚，甚必速叛，三也。昔王郎以邯鄲僭號，時世祖在信都，畏偪於郎，欲棄還關中。邳彤諫曰：「明公西還，則邯鄲城民不肯捐父母，背城主，而千里送公，其亡叛可必也。」世祖從之，遂破邯鄲。今北兵至，陛下南行，誠恐邳彤之言復信於今，四也。願陛下早爲之圖，可獲爵土；若遂適南，勢窮乃服，其禍必深。《易》曰：「亢之爲言，知得而不知喪，知存而不知亡；知得失存亡而不失其正者，其惟聖人乎！」言聖人知命而不苟必也。故堯、舜以子不善，知天有授，而求授人；子雖不肖，禍尚未萌，而迎授與人，况禍以至乎！故微子以殷王之昆，面縛銜璧而歸武王，豈所樂哉，不得已也。』於是遂從周策。劉氏無虞，一邦蒙賴，周之謀也。

時晋文王爲魏相國，以周有全國之功，封陽城亭侯。又下書辟周，周發至漢中，困疾不進。咸熙二年夏，巴郡文立從洛陽還蜀，過見周。周語次，因書版示立曰：『典午忽兮，月酉没兮。』典午者謂司馬也，月酉者謂八月也，至八月而文王果崩。晋室踐阼，累下詔所在發遣周。周遂輿疾詣洛，泰始三年至。以疾不起，就拜騎都尉，周乃自陳無功而封，求還爵土，皆不聽許。

五年，予嘗爲本郡中正，清定事訖，求休還家，往與周别。周語予曰：『昔孔子七十二、劉向、揚雄七十一而没，今吾年過七十，庶慕孔子遺風，可與劉、揚同軌，恐不出後歲，必便長逝，不復相見矣。』疑周以術知之，假此而言也。六年秋，爲散騎常侍，疾篤不拜，至冬卒。凡所著述，撰定《法訓》、《五經論》、《古史考》之屬百餘篇。周三子，熙、賢、同。少子同頗好周業，亦以忠篤質素爲行，舉孝廉，除錫令、東宫洗馬，召不就。

郤正字令先，河南偃師人也。祖父儉，靈帝末爲益州刺史，爲盗賊所殺。會天下大亂，故正父揖因留蜀。揖爲將軍孟達營都督，隨達降魏，爲中書令史。正本名纂。少以父死母嫁，單煢隻立，而安貧好學，博覽墳籍。弱冠能屬文，入爲秘書史，轉爲令史，遷郎，至令。性澹於榮利，而尤耽意文章，

圖書

自司馬、王、揚、班、傅、張、蔡之儔遺文篇賦，及當世美書善論，益部有者，則鑽鑿推求，略皆寓目。自在內職，與宦人黄皓比屋周旋，經三十年。皓從微至貴，操弄威權，正既不爲皓所愛，亦不爲皓所憎，是以官不過六百石，而免於憂患。

依則先儒，假文見意，號曰《釋譏》，其文繼於崔駰《達旨》。其辭曰：

或有譏余者曰：『聞之前記，夫事與時並，名與功偕，然則名之與事，前哲之急務也。是故創制作範，匪時不立，流稱垂名，匪功不記，名必須功而乃顯，事亦俟時以行止，身没名滅，君子所耻。是以達人研道，探賾索微，觀天運之符表，考人事之盛衰，辯者馳説，智者應機，謀夫演略，武士奮威，雲合霧集，風激電飛，量時揆宜，用取世資，小屈大申，存公忽私，雖尺枉而尋直，終揚光以發輝也。今三方鼎跱，九有未乂，悠悠四海，嬰丁禍敗，嗟道義之沈塞，愍生民之顛沛，此誠聖賢拯救之秋，烈士樹功之會也。吾子以高朗之才，珪璋之質，兼覽博闚，留心道術，無遠不致，無幽不悉；挺身取命，幹茲奥秘，躊躇紫闥，喉舌是執，九考不移，有入無出，究古今之真僞，計時務之得失。雖時獻一策，偶進一言，釋彼官責，慰此素飡，固未能輸竭忠款，盡瀝胸肝，排方入直，惠彼黎元，俾吾徒草鄙並有聞焉也。盍亦綏衡緩轡，回軌易塗，輿安駕肆，思馬斯徂，審厲揭以投濟，要夷庚之赫憮，播秋蘭以芳世，副吾徒之披圖，不亦盛與！』

余聞而嘆曰：『嗚呼，有若云乎邪！夫人心不同，實若其面，子雖光麗，既美且艷，管闚筐舉，守厥所見，未可以言八紘之形埒，信萬事之精練也。』

或人率爾，抑而揚衡曰：『是何言與！是何言與！』

余應之曰：『虞帝以面從爲戒，孔聖以悅己爲尤，若子之言，良我所思，將爲吾子論而釋之。昔在鴻荒，曚昧肇初，三皇應籙，五帝承符，爰暨夏、商，前典攸書。姬衰道缺，霸者翼扶，嬴氏慘虐，吞嚼八區，於是從横雲起，狙詐如星，奇邪蜂動，智故萌生；或飾真以讎僞，或挾邪以干榮，或詭道以要上，或鬻技以自矜；背正崇邪，棄直就佞，忠無定分，義無常經。故鞅法窮而慝作，斯義敗而奸成，呂門大而宗滅，韓辯立而身刑。夫何故哉？利回其心，寵耀其目，赫赫龍章，鑠鑠車服，偷幸苟得，如反如仄，淫邪荒迷，恣睢自極，和鸞未調而身在轅側，庭宁未踐而棟折榱覆。天收其精，地縮其澤，人弔其躬，鬼芟其頟。初升高岡，終隕幽壑，朝含榮潤，夕爲枯魄。是以賢人君子，深圖遠慮，畏彼咎戾，超然高舉，寧曳尾於塗中，穢濁世之休譽。彼豈輕主慢民，而忽於時務哉？蓋《易》著行止之戒，《詩》有靖恭之嘆，乃神之聽之而道使之然也。

自我大漢，應天順民，政治之隆，皓若陽春，俯憲坤典，仰式乾文，播皇澤以熙世，揚茂化之醲醇，君臣履度，各守厥真；上垂詢納之弘，下有匡救之責，士無虛華之寵，民有一行之迹，粲乎亹亹，尚此忠益。然而道有隆窳，物有興廢，有聲有寂，有光有翳。朱陽否於素秋，玄陰抑於孟春，羲和逝而望舒係，運氣匿而耀靈陳。冲、質不永，桓、靈墜敗，英雄雲布，豪傑蓋世，家挾殊議，人懷異計，故從横者欻披其胸，狙詐者暫吐其舌也。

今天綱已綴，德樹西鄰，丕顯祖之宏規，縻好爵於士人，興五教以訓俗，豐九德以濟民，肅明祀

以礿祭，幾皇道以輔真。雖時者未一，僞者未分，聖人垂戒，蓋均無貪；故君臣協美於朝，黎庶欣戴於野，動若重規，靜若疊矩。濟濟偉彥，元凱之倫也，有過必知，顏子之仁也，侃侃庶政，冉、季之治也，鷹揚鷙騰，伊、望之事也，總群俊之上略，含薛氏之三計，敷張、陳之秘策，故力征以勤世，援華英而不遑，豈暇脩枯籜於榛穢哉！

然吾不才，在朝累紀，托身所天，心焉是恃。樂滄海之廣深，嘆嵩岳之高時，聞仲尼之贊商，感鄉校之益己，彼平仲之和羹，亦進可而替否；故矇冒瞽說，時有攸獻，譬道人之有采于市閭，游童之吟咏乎疆畔，庶以增廣福祥，輸力規諫。若其合也，則以闇協明，進應靈符；如其違也，自我常分，退守己愚。進退任數，不矯不誣，循性樂天，夫何恨諸？此其所以既入不出，有而若無者也。狹屈氏之常醒，濁漁父之必醉，溷柳季之卑辱，褊夷叔之高懟。合不以得，違不以失，得不克詘，失不慘悸；不樂前以顧軒，不就後以慮輊，不鬻譽以干澤，不辭愆以忌絀。何責之釋？何飧之恤？何方之排？何直之入？九考不移，固其所執也。

方今朝士山積，髦俊成群，猶鱗介之潛乎巨海，毛羽之集乎鄧林，游禽逝不爲之鮮，浮魴臻不爲之殷。且陽靈幽於唐葉，陰精應於商時，陽旴請而洪災息，桑林禱而甘澤滋。行止有道，啓塞有期。我師遺訓，不怨不尤，委命恭己，我又何辭？辭窮路單，將反初節，綜墳典之流芳，尋孔氏之遺藝，綴微辭以存道，憲先軌而投制，韙叔肸之優游，美疏氏之遐逝，收止足以言歸，泛皓然以容裔，欣環堵以恬娛，免咎悔於斯世，顧茲心之未泰，懼末塗之泥滯，仍求激而增憤，肆中懷以告誓。昔九方考精於至貴，秦牙沈思於殊形；薛燭察寶以飛譽，瓠梁托弦以流聲；齊隸拊髀以濟文，楚客潛寇以保荆；雍門援琴而挾說，韓哀秉轡而馳名；盧敖翱翔乎玄闕，若士竦身于雲清。余實不能齊技於數子，故乃靜然守己而自寧。』

景耀六年，後主從譙周之計，遣使請降于鄧艾，其書，正所造也。明年正月，鍾會作亂成都，後主東遷洛陽，時擾攘倉卒，蜀之大臣無翼從者，惟正及殿中督汝南張通，捨妻子單身隨侍。後主賴正相導宜適，舉動無闕，乃慨然歎息，恨知正之晚。時論嘉之。賜爵關內侯。泰始中，除安陽令，遷巴西太守。泰始八年詔曰：『正昔在成都，顛沛守義，不違忠節，及見受用，盡心幹事，有治理之績，其以正爲巴西太守。』咸寧四年卒。凡所著述詩論賦之屬，垂百篇。

評曰：杜微脩身隱靜，不役當世，庶幾夷、皓之概。周群占天有徵，杜瓊沈默慎密，諸生之純也。許、孟、來、李，博涉多聞，尹默精于《左氏》，雖不以德業爲稱，信皆一時之學士。譙周詞理淵通，爲世碩儒，有董、揚之規，郤正文辭燦爛，有張、蔡之風，加其行止，君子有取焉。二子處晋事少，在蜀事多，故著于篇。

三國志

三國志卷四十三

蜀書十三

黃李呂馬王張傳第十三

黃權字公衡，巴西閬中人也。少爲郡吏，州牧劉璋召爲主簿。時別駕張松建議，宜迎先主，使伐張魯。權諫曰：『左將軍有驍名，今請到，欲以部曲遇之，則不滿其心，欲以賓客禮待，則一國不容二君。若客有泰山之安，則主有累卵之危。可但閉境，以待河清。』璋不聽，竟遣使迎先主，出權爲廣漢長。及先主襲取益州，將帥分下郡縣，郡縣望風景附，權閉城堅守，須劉璋稽服，乃詣降先主。先主假權偏將軍。及曹公破張魯，魯走入巴中，權進曰：『若失漢中，則三巴不振，此爲割蜀之股臂也。』於是先主以權爲護軍，率諸將迎魯。魯已還南鄭，北降曹公，然卒破杜濩、朴胡，殺夏侯淵，據漢中，皆權本謀也。

先主爲漢中王，猶領益州牧，以權爲治中從事。及稱尊號，將東伐吳，權諫曰：『吳人悍戰，又水軍順流，進易退難，臣請爲先驅以嘗寇，陛下宜爲後鎮。』先主不從，以權爲鎮北將軍，督江北軍以防魏師；先主自在江南。及吳將軍陸議乘流斷圍，南軍敗績，先主引退。而道隔絕，權不得還，故率將所領降于魏。有司執法，白收權妻子。先主曰：『孤負黃權，權不負孤也。』待之如初。

魏文帝謂權曰：『君捨逆效順，欲追蹤陳、韓邪？』權對曰：『臣過受劉主殊遇，降吳不可，還蜀無路，是以歸命。且敗軍之將，免死爲幸，何古人之可慕也！』文帝善之，拜爲鎮南將軍，封育陽

侯，加侍中，使之陪乘。蜀降人或云誅權妻子，權知其虛言，未便發喪，後得審問，果如所言。及先主薨問至，魏群臣咸賀而權獨否。文帝察權有局量，欲試驚之，遣左右詔權，未至之間，累催相屬，馬使奔馳，交錯於道，官屬侍從莫不碎魄，而權舉止顏色自若。後領益州刺史，徙占河南。大將軍司馬宣王深器之，問權曰：『蜀中有卿輩幾人？』權笑而答曰：『不圖明公見顧之重也！』宣王與諸葛亮書曰：『黃公衡，快士也，每坐起歎述足下，不去口實。』景初三年，蜀延熙二年，權遷車騎將軍、儀同三司。明年卒，謚曰景侯。子邕嗣。邕無子，絕。

權留蜀子崇，爲尚書郎，隨衛將軍諸葛瞻拒鄧艾。到涪縣，瞻盤桓未進，崇屢勸瞻宜速行據險，無令敵得入平地。瞻猶與未納，崇至于流涕。會艾長驅而前，瞻卻戰至綿竹，崇帥厲軍士，期於必死，臨陳見殺。

李恢字德昂，建寧俞元人也。仕郡督郵，姑夫爨習爲建伶令，有違犯之事，恢坐習免官。太守董和以習方土大姓，寢而不許。後貢恢于州，涉道未至，聞先主自葭萌還攻劉璋。恢知璋之必敗，先主必成，乃托名郡使，北詣先主，遇於綿竹。先主嘉之，從至雒城，遣恢至漢中交好馬超，超遂從命。成都既定，先主領益州牧，以恢爲功曹書佐主簿。後爲亡虜所誣，引恢謀反，有司執送，先主明其不然，更遷恢爲別駕從事。章武元年，庲降都督鄧方卒，先主問恢：『誰可代者？』恢對曰：『人之才能，各有長短，故孔子曰「其使人也器之」。且夫明主在上，則臣下盡情，是以先零之役，趙充國曰「莫若老臣」。臣竊不自揆，惟陛下察之。』先主笑曰：『孤之本意，亦已在卿矣。』遂以恢爲庲降

都督，使持節領交州刺史，住平夷縣。

先主薨，高定恣睢於越嶲，雍闓跋扈於建寧，朱褒反叛於牂牁。丞相亮南征，先由越嶲，而恢案道向建寧。諸縣大相糾合，圍恢軍於昆明。時恢衆少敵倍，又未得亮聲息，紿謂南人曰：『官軍糧盡，欲規退還，吾中間久斥鄉里，乃今得旋，不能復北，欲還與汝等同計謀，故以誠相告。』南人信之，故圍守怠緩。於是恢出擊，大破之，追奔逐北，南至槃江，東接牂牁，與亮聲勢相連。南土平定，恢軍功居多，封漢興亭侯，加安漢將軍。後軍還，南夷復叛，殺害守將。恢身往撲討，鉏盡惡類，徙其豪帥于成都，賦出叟、濮耕牛戰馬金銀犀革，充繼軍資，于時費用不乏。

建興七年，以交州屬吴，解恢刺史。更領建寧太守，以還居本郡。徙居漢中，九年卒。子遺嗣。恢弟子球，羽林右部督，隨諸葛瞻拒鄧艾，臨陳授命，死于綿竹。

吕凱字季平，永昌不韋人也。仕郡五官掾功曹。時雍闓等聞先主薨於永安，驕黠滋甚。都護李嚴與闓書六紙，解喻利害，闓但答一紙曰：『蓋聞天無二日，土無二王，今天下鼎立，正朔有三，是以遠人惶惑，不知所歸也。』其桀慢如此。闓又降於吴，吴遥署闓爲永昌太守。永昌既在益州郡之西，道路壅塞，與蜀隔絶，而郡太守改易，凱與府丞蜀郡王伉帥厲吏民，閉境拒闓。闓數移檄永昌，稱説云云。凱答檄曰：『天降喪亂，奸雄乘釁，天下切齒，萬國悲悼，臣妾大小，莫不思竭筋力，肝腦塗地，以除國難。伏惟將軍世受漢恩，以爲當躬聚黨衆，率先啓行，上以報國家，下不負先人，書功竹帛，遺名千載。何期臣僕吴越，背本就末乎？昔舜勤民事，隕于蒼梧，書籍嘉之，流聲無窮。崩

于江浦，何足可悲！文、武受命，成王乃平。先帝龍興，海内望風，宰臣聰睿，自天降康。而將軍不睹盛衰之紀，成敗之符，譬如野火在原，蹈履河冰，火滅冰泮，將何所依附？曩者將軍先君雍侯，造怨而封，竇融知興，歸志世祖，皆流名後葉，世歌其美。今諸葛丞相英才挺出，深睹未萌，受遺托孤，翊贊季興，與衆無忌，録功忘瑕。將軍若能翻然改圖，易迹更步，古人不難追，鄙土何足宰哉！蓋聞楚國不恭，齊桓是責，夫差僭號，晋人不長，况臣於非主，誰肯歸之邪？竊惟古義，臣無越境之交，是以前後有來無往。重承告示，發憤忘食，故略陳所懷，惟將軍察焉。』凱威恩内著，爲郡中所信，故能全其節。

及丞相亮南征討闓，既發在道，而闓已爲高定部曲所殺。亮至南，上表曰：『永昌郡吏吕凱、府丞王伉等，執忠絶域，十有餘年，雍闓、高定偪其東北，而凱等守義不與交通。臣不意永昌風俗敦直乃爾！』以凱爲雲南太守，封陽遷亭侯。會爲叛夷所害，子祥嗣。而王伉亦封亭侯，爲永昌太守。

馬忠字德信，巴西閬中人也。少養外家，姓狐，名篤，後乃復姓，改名忠。爲郡吏，建安末舉孝廉，除漢昌長。先主東征，敗績猇亭，巴西太守閻芝發諸縣兵五千人以補遺闕，遣忠送往。先主已還永安，見忠與語，謂尚書令劉巴曰：『雖亡黄權，復得狐篤，此爲世不乏賢也。』建興元年，丞相亮開府，以忠爲門下督。三年，亮入南，拜忠牂牁太守。郡丞朱褒反。叛亂之後，忠撫育恤理，甚有威惠。八年，召爲丞相參軍，副長史蔣琬署留府事。又領州治中從事。明年，亮出祁山，忠詣亮所，經營戎事。軍還，督將軍張嶷等討汶山郡叛羌。十一年，南夷豪帥劉胄反，擾亂諸郡。徵庲降都督張翼還，

三國志

吳書　黃李呂周鍾離傳第十三

二六一

以忠代翼。忠遂斬胄，平南土。加忠監軍奮威將軍，封博陽亭侯。初，建寧郡殺太守正昂，縛太守張裔於吴，故都督常駐平夷縣。至忠，乃移治味縣，處民夷之間。又越巂郡亦久失土地，忠率將太守張嶷開復舊郡，由此就加安南將軍，進封彭鄉侯。延熙五年還朝，因至漢中，見大司馬蔣琬，宣傳詔旨，加拜鎮南大將軍。七年春，大將軍費禕北禦魏敵，留忠成都，平尚書事。禕還，忠乃歸南。十二年卒，子脩嗣。

忠爲人寛濟有度量，但詼啁大笑，忿怒不形於色。然處事能斷，威恩並立，是以蠻夷畏而愛之。及卒，莫不自致喪庭，流涕盡哀，爲之立廟祀，迄今猶在。

張表，時名士，清望逾忠。閻宇，宿有功幹，於事精勤。繼踵在忠後，其威風稱績，皆不及忠。

王平字子均，巴西宕渠人也。本養外家何氏，後復姓王。隨杜濩、朴胡詣洛陽，假校尉，從曹公征漢中，因降先主，拜牙門將、裨將軍。建興六年，屬參軍馬謖先鋒。謖舍水上山，舉措煩擾，平連規諫謖，謖不能用，大敗於街亭。衆盡星散，惟平所領千人，鳴鼓自持，魏將張郃疑其伏兵，不往偪也。於是平徐徐收合諸營遺迸，率將士而還。丞相亮既誅馬謖及將軍張休、李盛，奪將軍黄襲等兵，平特見崇顯，加拜參軍，統五部兼當營事，進位討寇將軍，封亭侯。九年，亮圍祁山，平別守南圍。魏大將軍司馬宣王攻亮，張郃攻平，平堅守不動，郃不能克。十二年，亮卒於武功，軍退還，魏延作亂，一戰而敗，平之功也。遷後典軍、安漢將軍，副車騎將軍吴壹住漢中，又領漢中太守。十五年，進封安漢侯，代壹督漢中。延熙元年，大將軍蔣琬住沔陽，平更爲前護軍，署琬府事。六年，琬還住涪，拜平前監軍、鎮北大將軍，統漢中。

七年春，魏大將軍曹爽率步騎十餘萬向漢川，前鋒已在駱谷。時漢中守兵不滿三萬，諸將大驚。或曰：『今力不足以拒敵，聽當固守漢、樂二城，遇賊令入，比爾間，涪軍足得救關。』平曰：『不然。漢中去涪垂千里。賊若得關，便爲禍也。今宜先遣劉護軍、杜參軍據興勢，平爲後拒；若賊分向黄金，平率千人下自臨之，比爾間，涪軍行至，此計之上也。』惟護軍劉敏與平意同，即便施行。涪諸軍及大將軍費禕自成都相繼而至，魏軍退還，如平本策。是時，鄧芝在東，馬忠在南，平在北境，咸著名迹。

平生長戎旅，手不能書，其所識不過十字，而口授作書，皆有意理。使人讀《史》、《漢》諸紀傳，聽之，備知其大義，往往論説不失其指。遵履法度，言不戲謔，從朝至夕，端坐徹日，憪無武將之體，然性狹侵疑，爲人自輕，以此爲損焉。十一年卒，子訓嗣。

初，平同郡漢昌句扶忠勇寛厚，數有戰功，功名爵位亞平，官至左將軍，封宕渠侯。

張嶷字伯岐，巴郡南充國人也。弱冠爲縣功曹。先主定蜀之際，山寇攻縣，縣長捐家逃亡，嶷冒白刃，携負夫人，夫人得免。由是顯名，州召爲從事。時郡內士人龔禄、姚伷位二千石，當世有聲名，皆與嶷友善。建興五年，丞相亮北住漢中，廣漢綿竹山賊張慕等鈔盗軍資，劫掠吏民，嶷以都尉將兵討之。嶷度其鳥散，難以戰禽，乃詐與和親，剋期置酒。酒酣，嶷身率左右，因斬慕等五十餘級，渠帥悉殄。尋其餘類，旬日清泰。後得疾病困篤，家素貧匱，廣漢太守蜀郡何祗，名爲通厚，嶷宿與疏

鬪，乃自轝詣祇，托以治疾。祇傾財醫療，數年除愈。其黨道信義皆此類也。拜爲牙門將，屬馬忠，北討汶山叛羌，南平四郡蠻夷，輒有籌畫戰克之功。十四年，武都氐王苻健請降，遣將軍張尉往迎，過期不到，大將軍蔣琬深以爲念。嶷平之曰：『苻健求附款至，必無他變，素聞健弟狡黠，又夷狄不能同功，將有乖離，是以稽留耳。』數日，問至，健弟果將四百户就魏，獨健來從。

初，越巂郡自丞相亮討高定之後，叟夷數反，殺太守龔禄、焦璜，是後太守不敢之郡，只住安上縣，去郡八百餘里，其郡徒有名而已。時論欲復舊郡，除嶷爲越巂太守，嶷將所領往之郡，誘以恩信，蠻夷皆服，頗來降附。北徼捉馬最驍勁，不承節度，嶷乃往討，生縛其帥魏狼，又解縱告喻，使招懷餘類。表拜狼爲邑侯，種落三千餘户皆安土供職。諸種聞之，多漸降服，嶷以功賜爵關内侯。

蘇祁邑君冬逢、逢弟隗渠等，已降復反。嶷誅逢。逢妻，旄牛王女，嶷以計原之。而渠逃入西徼。渠剛猛捷悍，爲諸種深所畏憚，遣所親二人詐降嶷，實取消息。嶷覺之，許以重賞，使爲反間，二人遂合謀殺渠。渠死，諸種皆安。又斯都耆帥李求承，昔手殺龔禄，嶷求募捕得，數其宿惡而誅之。

始嶷以郡郛宇頹壞，更築小塢。在官三年，徙還故郡，繕治城郭，夷種男女莫不致力。定莋、臺登、卑水三縣去郡三百餘里，舊出鹽鐵及漆，而夷徼久自固食。嶷率所領奪取，署長吏焉。嶷之到定莋，定莋率豪狼岑，槃木王舅，甚爲蠻夷所信任，忿嶷自侵，不自來詣。嶷使壯士數十直往收致，撻而殺之，持尸還種，厚加賞賜，喻以狼岑之惡，且曰：『無得妄動，動即殄矣！』種類咸面縛謝過。嶷殺牛饗宴，重申恩信，遂獲鹽鐵，器用周贍。

漢嘉郡界旄牛夷種類四千餘户，其率狼路，欲爲姑婿冬逢報怨，遣叔父離將逢衆相度形勢。嶷逆遣親近齎牛酒勞賜，又令離逆逢妻宣暢意旨。離既受賜，并見其姊，姊弟歡悦，悉率所領將詣嶷，嶷厚加賞待，遣還。旄牛由是輒不爲患。

郡有舊道，經旄牛中至成都，既平且近；自旄牛絶道，已百餘年，更由安上，既險且遠。嶷遣左右齎貨幣賜路，重令路姑喻意，路乃率兄弟妻子悉詣嶷，嶷與盟誓，開通舊道，千里肅清，復古亭驛。奏封路爲旄牛昫毗王，遣使將路朝貢。後主於是加嶷撫戎將軍，領郡如故。

嶷初見費禕爲大將軍，恣性泛愛，待信新附太過，嶷書戒之曰：『昔岑彭率師，來歙杖節，咸見害於刺客，今明將軍位尊權重，宜鑒前事，少以爲警。』後禕果爲魏降人郭脩所害。

吴太傅諸葛恪以初破魏軍，大興兵衆以圖攻取。侍中諸葛瞻，丞相亮之子，恪從弟也，嶷與書曰：『東主初崩，帝實幼弱，太傅受寄托之重，亦何容易！親以周公之才，猶有管、蔡流言之變，霍光受任，亦有燕、蓋、上官逆亂之謀，賴成、昭之明，以免斯難耳。昔每聞東主殺生賞罰，不任下人，又今以垂没之命，卒召太傅，屬以後事，誠實可慮。加吴、楚剽急，乃昔所記，而太傅離少主，履敵庭，恐非良計長算之術也。雖云東家綱紀肅然，上下輯睦，百有一失，非明者之慮邪？取古則今，今則古也，自非郎君進忠言於太傅，誰復有盡言者也！旋軍廣農，務行德惠，數年之中，東西並舉，實爲不晚，願深采察。』恪竟以此夷族。嶷識見多如是類。

在郡十五年，邦域安穆。屢乞求還，乃徵詣成都。民夷戀慕，扶轂泣涕，過旄牛邑，邑君襁負來

迎，及追尋至蜀郡界，其督相率隨嶷朝貢者百餘人。嶷至，拜蕩寇將軍，慷慨壯烈，士人咸多貴之，然放蕩少禮，人亦以此譏焉，是歲延熙十七年也。魏狄道長李簡密書請降，衞將軍姜維率嶷等因簡之資以出隴西。既到狄道，簡悉率城中吏民出迎軍。軍前與魏將徐質交鋒，嶷臨陳隕身，然其所殺傷亦過倍。既亡，封長子瑛西鄉侯，次子護雄襲爵。南土越巂民夷聞嶷死，無不悲泣，爲嶷立廟，四時水旱輒祀之。

評曰：黃權弘雅思量，李恢公亮志業，吕凱守節不回，馬忠擾而能毅，王平忠勇而嚴整，張嶷識斷明果，咸以所長，顯名發迹，遇其時也。

三國志卷四十四

蜀書十四

蔣琬費禕姜維傳第十四

蔣琬字公琰，零陵湘鄉人也。弱冠與外弟泉陵劉敏俱知名。琬以州書佐隨先主入蜀，除廣都長。先主嘗因游觀奄至廣都，見琬衆事不理，時又沈醉，先主大怒，將加罪戮。軍師將軍諸葛亮請曰：『蔣琬，社稷之器，非百里之才也。其爲政以安民爲本，不以脩飾爲先，願主公重加察之。』先主雅敬亮，乃不加罪，倉卒但免官而已。琬見推之後，夜夢有一牛頭在門前，流血滂沱，意甚惡之，呼問占夢趙直。直曰：『夫見血者，事分明也。牛角及鼻，「公」字之象，君位必當至公，大吉之徵也。』頃之，爲什邡令。先主爲漢中王，琬入爲尚書郎。建興元年，丞相亮開府，辟琬爲東曹掾。舉茂才，琬固讓劉邕、陰化、龐延、廖淳，亮教答曰：『思惟背親捨德，以殄百姓，衆人既不隱於心，實又使遠近不解其義，是以君宜顯其功舉，以明此選之清重也。』遷爲參軍。五年，亮住漢中，琬與長史張裔統留府事。八年，代裔爲長史，加撫軍將軍。亮數外出，琬常足食足兵以相供給。亮每言：『公琰托志忠雅，當與吾共贊王業者也。』密表後主曰：『臣若不幸，後事宜以付琬。』

亮卒，以琬爲尚書令，俄而加行都護，假節，領益州刺史，遷大將軍，録尚書事，封安陽亭侯。時新喪元帥，遠近危悚。琬出類拔萃，處群僚之右，既無戚容，又無喜色，神守舉止，有如平日，由是衆望漸服。延熙元年，詔琬曰：『寇難未弭，曹叡驕凶，遼東三郡苦其暴虐，遂相糾結，與之離隔。叡大興衆役，還相攻伐。曩秦之亡，勝、廣首難，今有此變，斯乃天時。君其治嚴，總帥諸軍屯住漢中，須吳舉動，東西掎角，以乘其釁。』又命琬開府，明年就加爲大司馬。

東曹掾楊戲素性簡略，琬與言論，時不應答。或欲搆戲於琬曰：『公與戲語而不見應，戲之慢上，不亦甚乎！』琬曰：『人心不同，各如其面；面從後言，古人之所誡也。戲欲贊吾是耶，則非其本心，欲反吾言，則顯吾之非，是以默然，是戲之快也。』又督農楊敏曾毁琬曰：『作事憒憒，誠非及前人。』或以白琬，主者請推治敏，琬曰：『吾實不如前人，無可推也。』主者重據聽不推，則乞問其憒憒之狀。琬曰：『苟其不如，則事不當理，事不當理，則憒憒矣。復何問邪？』後敏坐事繫獄，衆人猶懼其必死，琬心無適莫，得免重罪。其好惡存道，皆此類也。

琬以爲昔諸葛亮數闚秦川，道險運艱，竟不能克，不若乘水東下。乃多作舟船，欲由漢、沔襲魏興、上庸。會舊疾連動，未時得行。而衆論咸謂如不克捷，還路甚難，非長策也。於是遣尚書令費禕、中監軍姜維等喻指。琬承命上疏曰：『芟穢弭難，臣職是掌。自臣奉辭漢中，已經六年，臣既闇弱，加嬰疾疢，規方無成，夙夜憂慘。今魏跨帶九州，根蔕滋蔓，平除未易。若東西并力，首尾掎角，雖未能速得如志，且當分裂蠶食，先摧其支黨。然吳期二三，連不克果，俯仰惟艱，實忘寢食。輒與費禕等議，以涼州胡塞之要，進退有資，賊之所惜；且羌、胡乃心思漢如渴，又昔偏軍入羌，郭淮破走，算其長短，以爲事首，宜以姜維爲涼州刺史。若維征行，銜持河右，臣當帥軍爲維鎮繼。今涪水陸四通，惟急是應，若東北有虞，赴之不難。』由是琬遂還住涪。疾轉增劇，至九年卒，謚曰恭。

祁山，時天水太守適出案行，維及功曹梁緒、主簿尹賞、主記梁虔等從行。太守聞蜀軍垂至，而諸縣響應，疑維等皆有異心，於是夜亡保上邽。維等覺太守去，追遲，至城門，城門已閉，不納。維等相率還冀，冀亦不入維。維等乃俱詣諸葛亮。會馬謖敗於街亭，亮拔將西縣千餘家及維等還，故維遂與母相失。亮辟維爲倉曹掾，加奉義將軍，封當陽亭侯，時年二十七。亮與留府長史張裔、參軍蔣琬書曰：『姜伯約忠勤時事，思慮精密，考其所有，永南、季常諸人不如也。其人，涼州上士也。』又曰：『須先教中虎步兵五六千人。姜伯約甚敏於軍事，既有膽義，深解兵意。此人心存漢室，而才兼於人，畢教軍事，當遣詣宮，覲見主上。』後遷中監軍征西將軍。

十二年，亮卒，維還成都，爲右監軍輔漢將軍，統諸軍，進封平襄侯。延熙元年，隨大將軍蔣琬住漢中。琬既遷大司馬，以維爲司馬，數率偏軍西入。六年，遷鎮西大將軍，領涼州刺史。十年，遷衛將軍，與大將軍費禕共録尚書事。是歲，汶山平康夷反，維率衆討定之。又出隴西、南安、金城界，與魏大將軍郭淮、夏侯霸等戰於洮西。胡王治無戴等舉部落降，維將還安處之。十二年，假維節，復出西平，不克而還。維自以練西方風俗，兼負其才武，欲誘諸羌、胡以爲羽翼，謂自隴以西可斷而有也。每欲興軍大舉，費禕常裁制不從，與其兵不過萬人。

十六年春，禕卒。夏，維率數萬人出石營，經董亭，圍南安，魏雍州刺史陳泰解圍至洛門，維糧盡退還。明年，加督中外軍事。復出隴西，守狄道長李簡舉城降。進圍襄武，與魏將徐質交鋒，斬首破敵，魏軍敗退。維乘勝多所降下，拔河關、狄道、臨洮三縣民還。後十八年，復與車騎將軍夏侯霸等俱出狄道，大破魏雍州刺史王經於洮西，經衆死者數萬人。經退保狄道城，維圍之。魏征西將軍陳泰進兵解圍，維却住鍾題。

十九年春，就遷維爲大將軍。更整勒戎馬，與鎮西大將軍胡濟期會上邽，濟失誓不至，故維爲魏大將鄧艾所破於段谷，星散流離，死者甚衆。衆庶由是怨讟，而隴已西亦騷動不寧，維謝過引負，求自貶削。爲後將軍，行大將軍事。

二十年，魏征東大將軍諸葛誕反於淮南，分關中兵東下。維欲乘虛向秦川，復率數萬人出駱谷，徑至沈嶺。時長城積穀甚多而守兵乃少，聞維方到，衆皆惶懼。魏大將軍司馬望拒之，鄧艾亦自隴右，皆軍于長城。維前住芒水，皆倚山爲營。望、艾傍渭堅圍，維數下挑戰，望、艾不應。景耀元年，維聞誕破敗，乃還成都。復拜大將軍。

初，先主留魏延鎮漢中，皆實兵諸圍以禦外敵，敵若來攻，使不得入。及興勢之役，王平捍拒曹爽，皆承此制。維建議，以爲錯守諸圍，雖合《周易》『重門』之義，然適可禦敵，不獲大利。不若使聞敵至，諸圍皆斂兵聚穀，退就漢、樂二城，使敵不得入平，且重關鎮守以捍之。有事之日，令游軍並進以伺其虛。敵攻關不克，野無散穀，千里縣糧，自然疲乏。引退之日，然後諸城並出，與游軍並力搏之，此殄敵之術也。於是令督漢中胡濟却住漢壽，監軍王含守樂城，護軍蔣斌守漢城，又於西安、建威、武衛、石門、武城、建昌、臨遠皆立圍守。

五年，維率衆出漢、侯和，爲鄧艾所破，還住沓中。維本羈旅托國，累年攻戰，功績不立，而宦官

三國志卷四十五

蜀書十五

鄧張宗楊傳第十五

鄧芝字伯苗，義陽新野人，漢司徒禹之後也。漢末入蜀，未見知待。時益州從事張裕善相，芝往從之，裕謂芝曰：「君年過七十，位至大將軍，封侯。」芝聞巴西太守龐羲好士，往依焉。先主定益州，芝爲郫邸閣督。先主出至郫，與語，大奇之，擢爲郫令，遷廣漢太守。所在清嚴有治績，入爲尚書。

先主薨於永安。先是，吴王孫權請和，先主累遣宋瑋、費禕等與相報答。丞相諸葛亮深慮權聞先主殂隕，恐有異計，未知所如。芝見亮曰：「今主上幼弱，初在位，宜遣大使重申吴好。」亮答之曰：「吾思之久矣，未得其人耳，今日始得之。」芝問其人爲誰？亮曰：「即使君也。」乃遣芝脩好於權。權果狐疑，不時見芝，芝乃自表請見權曰：「臣今來亦欲爲吴，非但爲蜀也。」權乃見之，語芝曰：「孤誠願與蜀和親，然恐蜀主幼弱，國小勢逼，爲魏所乘，不自保全，以此猶豫耳。」芝對曰：「吴、蜀二國四州之地，大王命世之英，諸葛亮亦一時之傑也。蜀有重險之固，吴有三江之阻，合此二長，共爲脣齒，進可并兼天下，退可鼎足而立，此理之自然也。大王今若委質於魏，魏必上望大王之入朝，下求太子之内侍，若不從命，則奉辭伐叛，蜀必順流見可而進，如此，江南之地非復大王之有也。」權默然良久曰：「君言是也。」遂自絶魏，與蜀連和，遣張温報聘於蜀。蜀復令芝重往，權謂芝曰：「若天下太平，二主分治，不亦樂乎！」芝對曰：「夫天無二日，土無二王，如并魏之後，大王未深識天命者也，君各茂其德，臣各盡其忠，將提枹鼓，則戰争方始耳。」權大笑曰：「君之誠款，乃當爾邪！」權與亮書曰：「丁厷掞張，陰化不盡；和合二國，唯有鄧芝。」及亮北住漢中，以芝爲中監軍、揚武將軍。亮卒，遷前軍師前將軍，領兗州刺史，封陽武亭侯，頃之爲督江州。權數與芝相聞，饋遺優渥。延熙六年，就遷爲車騎將軍，後假節。十一年，涪陵國人殺都尉反叛，芝率軍征討，即梟其渠帥，百姓安堵。十四年卒。

芝爲將軍二十餘年，賞罰明斷，善恤卒伍。身之衣食資仰於官，不苟素儉，然終不治私産，妻子不免飢寒，死之日家無餘財。性剛簡，不飾意氣，不得士類之和。於時人少所敬貴，唯器異姜維云。子良，襲爵，景耀中爲尚書左選郎，晉朝廣漢太守。

張翼字伯恭，犍爲武陽人也。高祖父司空浩，曾祖父廣陵太守綱，皆有名迹。先主定益州，領牧，翼爲書佐。建安末，舉孝廉，爲江陽長，徙涪陵令，遷梓潼太守，累遷至廣漢、蜀郡太守。建興九年，爲庲降都督、綏南中郎將。翼性持法嚴，不得殊俗之歡心。耆率劉胄背叛作亂，翼舉兵討胄。胄未破，會被徵當還，群下咸以爲宜便馳騎即罪，翼曰：「不然。吾以蠻夷蠢動，不稱職故還耳，然代人未至，吾方臨戰場，當運糧積穀，爲滅賊之資，豈可以黜退之故而廢公家之務乎？」於是統攝不懈，代到乃發。馬忠因其成基以破殄胄，丞相亮聞而善之。亮出武功，以翼爲前軍都督，領扶風太守。亮卒，拜前領軍，追論討劉胄功，賜爵關内侯。延熙元年，入爲尚書，稍遷督建威，假節，進封都

亭侯，征西大將軍。

十八年，與衞將軍姜維俱還成都。維議復出軍，唯翼廷爭，以爲國小民勞，不宜黷武。維不聽，將翼等行，進翼位鎮南大將軍。維至狄道，大破魏雍州刺史王經，經衆死於洮水者以萬計。翼曰：『可止矣，不宜復進，進或毀此大功。』維大怒。曰：『爲蛇畫足。』維竟圍經於狄道，城不能克。自翼建異論，維心與翼不善，然常牽率同行，翼亦不得已而往。景耀二年，遷左車騎將軍，領冀州刺史。六年，與維咸在劍閣，共詣降鍾會于涪。明年正月，隨會至成都，爲亂兵所殺。

宗預字德豔，南陽安衆人也。建安中，隨張飛入蜀。建興初，丞相亮以爲主簿，遷參軍右中郎將。及亮卒，吴慮魏或承衰取蜀，增巴丘守兵萬人，一欲以爲救援，二欲以事分割也。蜀聞之，亦益永安之守，以防非常。預將命使吴，孫權問預曰：『東之與西，譬猶一家，而聞西更增白帝之守，何也？』預對曰：『臣以爲東益巴丘之戍，西增白帝之守，皆事勢宜然，俱不足以相問也。』權大笑，嘉其抗直，甚愛待之，見敬亞於鄧芝、費禕。遷爲侍中，徙尚書。延熙十年，爲屯騎校尉。時車騎將軍鄧芝自江州還，來朝，謂預曰：『禮，六十不服戎，而卿甫受兵，何也？』預答曰：『卿七十不還兵，我六十何爲不受邪？』芝性驕傲，自大將軍費禕等皆避下之，而預獨不爲屈。預復東聘吴，孫權捉預手，涕泣而別曰：『君每銜命結二國之好。今君年長，孤亦衰老，恐不復相見！』遺預大珠一斛，乃還。遷後將軍，督永安，就拜征西大將軍，賜爵關内侯。景耀元年，以疾徵還成都。後爲鎮軍大將軍，領兗州刺史。時都護諸葛瞻初統朝事，廖化過預，欲與預共詣瞻許。預曰：『吾等年逾七十，所竊已過，但少一死耳，何求於年少輩而屑屑造門邪？』遂不往。

廖化字元儉，本名淳，襄陽人也。爲前將軍關羽主簿，羽敗，屬吴。思歸先主，乃詐死，時人謂爲信然，因携持老母晝夜西行。會先主東征，遇於秭歸。先主大悦，以化爲宜都太守。先主薨，爲丞相參軍，後爲督廣武，稍遷至右車騎將軍，假節，領并州刺史，封中鄉侯，以果烈稱。官位與張翼齊，而在宗預之右。

咸熙元年春，化、預俱内徙洛陽，道病卒。

楊戲字文然，犍爲武陽人也。少與巴西程祁公弘、巴郡楊汰季儒、蜀郡張表伯達並知名。戲每推祁以爲冠首，丞相亮深識之。戲年二十餘，從州書佐爲督軍從事，職典刑獄，論法决疑，號爲平當，府辟爲屬主簿。亮卒，爲尚書右選部郎，刺史蔣琬請爲治中從事史。琬以大將軍開府，又辟爲東曹掾，遷南中郎參軍，副貳庲降都督，領建寧太守。以疾徵還成都，拜護軍監軍，出領梓潼太守，入爲射聲校尉，所在清約不煩。延熙二十年，隨大將軍姜維出軍至芒水。戲素心不服維，酒後言笑，每有傲弄之辭。維外寬内忌，意不能堪，軍還，有司承旨奏戲，免爲庶人。後景耀四年卒。

戲性雖簡惰省略，未嘗以甘言加人，過情接物。書符指事，希有盈紙。然篤於舊故，居誠存厚。與巴西韓儼、黎韜童幼相親厚，後儼痼疾廢頓，韜無行見捐，戲經紀振恤，恩好如初。又時人謂譙周無當世才，少歸敬者，唯戲重之，嘗稱曰：『吾等後世，終自不如此長兒也。』有識以此貴戲。張表有威儀風觀，始名位與戲齊，後至尚書，督庲降後將軍，先戲没。祁、汰各早死。

戲以延熙四年著《季漢輔臣贊》，其所頌述，今多載于《蜀書》，是以記之於左。自此之後卒者，則不追謚，故或有應見稱紀而不在乎篇者也。其戲之所贊而今不作傳者，余皆注疏本末於其辭下，可以粗知其仿佛云爾。

昔文王歌德，武王歌興，夫命世之主，樹身行道，非唯一時，亦由開基植緒，光于來世者也。自我中漢之末，王綱棄柄，雄豪並起，役殷難結，生人塗地。於是世主感而慮之，初自燕、代則仁聲洽著，行自齊、魯則英風播流，寄業荆、郢則臣主歸心，顧援吳、越則賢愚賴風，奮威巴、蜀則萬里肅震，厲師庸、漢則元寇斂迹，故能承高祖之始兆，復皇漢之宗祀也。然而奸凶懟險，天征未加，猶孟津之翔師，復須戰於鳴條也。天祿有終，奄忽不豫。雖攝歸一統，萬國合從者，當時俊乂扶携翼戴，明德之所懷致也，蓋濟濟有可觀焉。遂乃並述休風，動于後聽。其辭曰：

皇帝遺植，爰滋八方，別自中山，靈精是鍾，順期挺生，傑起龍驤。始于燕、代，伯豫君荆，吳、越憑賴，望風請盟，挾巴跨蜀，庸漢以并。乾坤復秩，宗祀惟寧，躡基履迹，播德芳聲。華夏思美，西伯其音，開慶來世，歷載攸興。——贊昭烈皇帝

忠武英高，獻策江濱，攀吳連蜀，權我世真。受遺阿衡，整武齊文，敷陳德教，理物移風，賢愚競心，僉忘其身。誕靜邦內，四裔以綏，屢臨敵庭，實耀其威，研精大國，恨於未夷。——贊諸葛丞相

司徒清風，是咨是臧，識愛人倫，孔音鏘鏘。——贊許司徒

關、張赳赳，出身匡世，扶翼携上，雄壯虎烈。藩屏左右，翻飛電發，濟于艱難，贊主洪業，侔迹韓、耿，齊聲雙德。交待無禮，並致奸慝，悼惟輕慮，隕身匡國。——贊關雲長、張益德

驃騎奮起，連横合從，首事三秦，保據河、潼。宗計於朝，或異或同，敵以乘釁，家破軍亡。乖道反德，托鳳攀龍。——贊馬孟起

翼侯良謀，料世興衰，委質于主，是訓是諮，暫思經算，睹事知機。——贊法孝直

軍師美至，雅氣曄曄，致命明主，忠情發臆，惟此義宗，亡身報德。——贊龐士元

將軍敦壯，摧峰登難，立功立事，于時之幹。——贊黄漢升

掌軍清節，亢然恒常，讜言惟司，民思其綱。——贊董幼宰

安遠强志，允休允烈，輕財果壯，當難不惑，以少禦多，殊方保業。——贊鄧孔山

孔山名方，南郡人也。以荆州從事隨先主入蜀。蜀既定，爲犍爲屬國都尉，因易郡名，爲朱提太守，遷爲安遠將軍、庲降都督，住南昌縣。章武二年卒。失其行事，故不爲傳。

揚威才幹，欷歔文武，當官理任，衎衎辯舉，圖殖財施，有義有叙。——贊費賓伯

賓伯名觀，江夏鄳人也。劉璋母，觀之族姑，璋又以女妻觀。觀建安十八年參李嚴軍，拒先主於綿竹，與嚴俱降，先主既定益州，拜爲裨將軍，後爲巴郡太守、江州都督，建興元年封都亭侯，加振威將軍。觀爲人善於交接。都護李嚴性自矜高，護軍輔匡等年位與嚴相次，而嚴不與親褻；觀年少嚴二十餘歲，而與嚴通狎如時輩云。年三十七卒。失其行事，故不爲傳。

屯騎主舊，固節不移，既就初命，盡心世規，軍資所恃，是辨是裨。——贊王文儀

尚書清尚，敕行整身，抗志存義，味覽典文，倚其高風，好侔古人。——贊劉子初

安漢雍容，或婚或賓，見禮當時，是謂循臣。——贊麋子仲

少府修慎，鴻臚明真，諫議隱行，儒林天文，宣班大化，或首或林。——贊王元泰、何彦英、杜輔國、周仲直

王元泰名謀，漢嘉人也。有容止操行。劉璋時，爲巴郡太守，還爲州治中從事。先主定益州，領牧，以爲別駕。先主爲漢中王，用荆楚宿士零陵賴恭爲太常，南陽黄柱爲光禄勳，謀爲少府；建興初，賜爵關内侯，後代賴恭爲太常。恭、柱、謀皆失其行事，故不爲傳。恭子厷，爲丞相西曹令史，隨諸葛亮於漢中，早夭，亮甚惜之，與留府長史參軍張裔、蔣琬書曰：『令史失賴厷，掾屬喪楊顒，爲朝中損益多矣。』顒亦荆州人也。後大將軍蔣琬問張休曰：『漢嘉前輩有王元泰，今誰繼者？』休對曰：『至於元泰，州裏無繼，況鄙郡乎！』其見重如此。

何彦英名宗，蜀郡郫人也。事廣漢任安學，精究安術，與杜瓊同師而名問過之。劉璋時，爲犍爲太守。先主定益州，領牧，辟爲從事祭酒。後援引圖、讖，勸先主即尊號。踐阼之後，遷爲大鴻臚。建興中卒。失其行事，故不爲傳。子雙，字漢偶。滑稽談笑，有淳于髡、東方朔之風。爲雙柏長。早卒。

車騎高勁，惟其泛愛，以弱制强，不陷危墜。——贊吴子遠

子遠名壹，陳留人也。隨劉焉入蜀。劉璋時，爲中郎將，將兵拒先主於涪，詣降。先主定益州，以壹爲護軍討逆將軍，納壹妹爲夫人。章武元年，爲關中都督。建興八年，與魏延入南安界，破魏將費瑶，徙亭侯，進封高陽鄉侯，遷左將軍。十二年，丞相亮卒，以壹督漢中，車騎將軍，假節，領雍州刺史，進封濟陽侯。十五年卒。失其行事，故不爲傳。壹族弟班，字元雄，大將軍何進官屬吴匡之子也。以豪俠稱，官位常與壹相亞。先主時，爲領軍。後主世，稍遷至驃騎將軍，假節，封綿竹侯。

安漢宰南，奮擊舊鄉，翦除蕪穢，惟刑以張，廣遷蠻、濮，國用用强。——贊李德昂

輔漢惟聰，既機且惠，因言遠思，切問近對，贊時休美，和我業世。——贊張君嗣

鎮北敏思，籌畫有方，導師禳穢，遂事成章。偏任東隅，末命不祥，哀悲本志，放流殊疆。——贊黄公衡

越騎惟忠，厲志自祗，職于内外，念公忘私。——贊楊季休

征南厚重，征西忠克，統時選士，猛將之烈。——贊趙子龍、陳叔至

叔至名到，汝南人也。自豫州隨先主，名位常亞趙雲，俱以忠勇稱。建興初，官至永安都督、征西將軍，封亭侯。

鎮南粗强，監軍尚篤，並豫戎任，任自封裔。——贊輔元弼、劉南和

輔元弼名匡，襄陽人也。隨先主入蜀。益州既定，爲巴郡太守。建興中，徙鎮南，爲右將軍，封中鄉侯。

尚書清尚，敕行整身，抗志存義，味覽典文，倚其高風，好侔古人。——贊劉子初

安漢雍容，或婚或賓，見禮當時，是謂循臣。——贊麋子仲

少府修慎，鴻臚明真，諫議隱行，儒林天文，宣班大化，或首或林。——贊王元泰、何彥英、杜輔國、周仲直

王元泰名謀，漢嘉人也。有容止操行。劉璋時，爲巴郡太守，還爲州治中從事。先主定益州，領牧，以爲別駕。先主爲漢中王，用荆楚宿士零陵賴恭爲太常，南陽黄柱爲光祿勳，謀爲少府；建興初，賜爵關內侯，後代賴恭爲太常。恭、柱、謀皆失其行事，故不爲傳。恭子厷，爲丞相西曹令史，隨諸葛亮於漢中，早夭，亮甚惜之，與留府長史參軍張裔、蔣琬書曰：『令史失賴厷，掾屬喪楊顒，爲朝中損益多矣。』顒亦荆州人也。後大將軍蔣琬問張休曰：『漢嘉前輩有王元泰，今誰繼者？』休對曰：『至於元泰，州裏無繼，況鄙郡乎！』其見重如此。

何彥英名宗，蜀郡郫人也。事廣漢任安學，精究安術，與杜瓊同師而名問過之。劉璋時，爲犍爲太守。先主定益州，領牧，辟爲從事祭酒。後援引圖、讖，勸先主即尊號。踐阼之後，遷爲大鴻臚。建興中卒。失其行事，故不爲傳。子雙，字漢偶。滑稽談笑，有淳于髡、東方朔之風。爲雙柏長。早卒。

車騎高勁，惟其泛愛，以弱制强，不陷危墜。——贊吴子遠

子遠名壹，陳留人也。隨劉焉入蜀。劉璋時，爲中郎將，將兵拒先主於涪，詣降。先主定益州，以壹爲護軍討逆將軍，納壹妹爲夫人。章武元年，爲關中都督。建興八年，與魏延入南安界，破魏將費瑶，徙亭侯，進封高陽鄉侯，遷左將軍。十二年，丞相亮卒，以壹督漢中，車騎將軍，假節，領雍州刺史，進封濟陽侯。十五年卒。失其行事，故不爲傳。壹族弟班，字元雄，大將軍何進官屬吴匡之子也。以豪俠稱，官位常與壹相亞。先主時，爲領軍。後主世，稍遷至驃騎將軍，假節，封綿竹侯。

安漢宰南，奮擊舊鄉，翦除蕪穢，惟刑以張，廣遷蠻、濮，國用用强。——贊李德昂

輔漢惟聰，既機且惠，因言遠思，切問近對，贊時休美，和我業世。——贊張君嗣

鎮北敏思，籌畫有方，導師禳穢，遂事成章。偏任東隅，末命不祥，哀悲本志，放流殊疆。——贊黄公衡

越騎惟忠，厲志自祗，職于內外，念公忘私。——贊楊季休

征南厚重，征西忠克，統時選士，猛將之烈。——贊趙子龍、陳叔至

叔至名到，汝南人也。自豫州隨先主，名位常亞趙雲，俱以忠勇稱。建興初，官至永安都督、征西將軍，封亭侯。

鎮南粗强，監軍尚篤，並豫戎任，任自封裔。——贊輔元弼、劉南和

輔元弼名匡，襄陽人也。隨先主入蜀。益州既定，爲巴郡太守。建興中，徙鎮南，爲右將軍，封中鄉侯。

劉南和名邕，義陽人也。隨先主入蜀。益州既定，爲江陽太守。建興中，稍遷至監軍後將軍，賜爵關内侯，卒。子式嗣。少子武，有文，與樊建齊名，官亦至尚書。

司農性才，敷述允章，藻麗辭理，斐斐有光。——贊秦子勑

正方受遺，豫聞後綱，不陳不僉，造此異端，斥逐當時，任業以喪。——贊李正方

文長剛粗，臨難受命，折衝外禦，鎮保國境。不協不和，忘節言亂，疾終惜始，實惟厥性。——贊魏文長

威公狷狹，取異衆人；閑則及理，逼則傷侵，舍順入凶，大易之云。——贊楊威公

季常良實，文經勤類，士元言規，處仁聞計，孔休、文祥，或才或臧，播播述志，楚之蘭芳。——贊馬季常、衛文經、韓士元、張處仁、殷孔林、習文祥

文經、士元，皆失其名實、行事、郡縣。處仁本名存，南陽人也。以荆州從事隨先主入蜀，南次至雒，以爲廣漢太守。存素不服龐統，統中矢卒，先主發言嘉嘆，存曰：『統雖盡忠可惜，然違大雅之義。』先主怒曰：『統殺身成仁，更爲非也？』免存官。頃之，病卒。失其行事，故不爲傳。

孔休名觀，爲荆州主簿别駕從事，見《先主傳》。失其郡縣。文祥名禎，襄陽人也。隨先主入蜀，歷雒、郫令，廣漢太守。失其行事。子忠，官至尚書郎。

國山休風，永南耽思；盛衡、承伯，言藏言時；孫德果鋭，偉南篤常；德緒、義彊，志壯氣剛。濟濟脩志，蜀之芬香。——贊王國山、李永南、馬盛衡、馬承伯、李孫德、李偉南、龔德緒、王義彊

國山名甫，廣漢郪人也。好人流言議。劉璋時，爲州書佐。先主定蜀後，爲綿竹令，還爲荆州議曹從事。隨先主徵吴，軍敗於秭歸，遇害。子祐，有父風，官至尚書右選郎。

永南名邵，廣漢郪人也。先主定蜀後，爲州書佐部從事。建興元年，丞相亮辟爲西曹掾。亮南徵，留邵爲治中從事，是歲卒。

盛衡名勳，承伯名齊，皆巴西閬中人也。勳，劉璋時爲州書佐，先主定蜀，辟爲左將軍屬，後轉州别駕從事，卒。齊爲太守張飛功曹。飛貢之先主，爲尚書郎。建興中，從事丞相掾，遷廣漢太守，復爲參軍。亮卒，爲尚書。勳、齊皆以才幹自顯見，歸信於州黨，不如姚伷。伷字子緒，亦閬中人。先主定益州後，爲功曹書佐。建興元年，爲廣漢太守。丞相亮北駐漢中，辟爲掾。並進文武之士，亮稱曰：『忠益者莫大於進人，進人者各務其所尚；今姚掾並存剛柔，以廣文武之用，可謂博雅矣，願諸掾各希此事，以屬其望。』遷爲參軍。亮卒，稍遷爲尚書僕射。時人服其真誠篤粹。延熙五年卒，在作贊之後。

孫德名福，梓潼涪人也。先主定益州後，爲書佐、西充國長、成都令。建興元年，徙巴西太守，爲江州督、揚威將軍，入爲尚書僕射，封平陽亭侯。延熙初，大將軍蔣琬出征漢中，福以前監軍領司馬，卒。

偉南名朝，永南兄。郡功曹，舉孝廉，臨邛令，入爲别駕從事。隨先主東徵吴，章武二年卒

於永安。

德緒名禄，巴西安漢人也。先主定益州，爲郡從事牙門將。建興三年，爲越嶲太守，隨丞相亮南徵，爲蠻夷所害，時年三十一。弟衡，景耀中爲領軍。義彊名士，廣漢郪人，國山從兄也。從先主入蜀後，舉孝廉，爲符節長，遷牙門將，出爲宕渠太守，徙在犍爲。會丞相亮南徵，轉爲益州太守，將南行，爲蠻夷所害。

休元輕寇，損時致害，文進奮身，同此顛沛，患生一人，至於弘大。——贊馮休元、張文進

休元名習，南郡人。隨先主入蜀。先主東徵吴，習爲領軍，統諸軍，大敗於猇亭。

文進名南，亦自荆州隨先主入蜀，領兵從先主征吴，與習俱死。時又有義陽傅肜，先主退軍，斷後拒戰，兵人死盡，吴將語肜令降，肜罵曰：『吴狗！何有漢將軍降者！』遂戰死。拜子僉爲左中郎，後爲關中都督，景耀六年，又臨危授命。論者嘉其父子奕世忠義。

江陽剛烈，立節明君，兵合遇寇，不屈其身，單夫隻役，隕命於軍。——贊程季然

季然名畿，巴西閬中人也。劉璋時爲漢昌長。縣有賨人，種類剛猛，昔高祖以定關中。巴西太守龐羲以天下擾亂，郡宜有武衛，頗招合部曲。有讒於璋，説羲欲叛者，璋陰疑之。羲聞，甚懼，將謀自守，遣畿子鬱宣旨，索兵自助。畿報曰：『郡合部曲，本不爲叛，雖有交構，要在盡誠；若必以懼，遂懷異志，非畿之所聞。』并敕鬱曰：『我受州恩，當爲州牧盡節。汝爲郡吏，當爲太守效力，不得以吾故有異志也。』羲使人告畿曰：『爾子在郡，不從太守，家將及禍！』畿曰：『昔樂羊爲將，飲子之羹，非父子無恩，大義然也。今雖復羹子，吾必飲之。』羲知畿必不爲己，厚陳謝於璋以致無咎。璋聞之，遷畿江陽太守。先主領益州牧，辟爲從事祭酒。後隨先主徵吴，遇大軍敗績，溯江而還，或告之曰：『後追已至，解船輕去，乃可以免。』畿曰：『吾在軍，未曾爲敵走，况從天子而見危哉！』追人遂及畿船，畿身執戟戰，敵船有覆者。衆大至，共擊之，乃死。

公弘後生，卓爾奇精，夭命二十，悼恨未呈。——贊程公弘

公弘，名祁，季然之子也。

古之奔臣，禮有來逼，怨興司官，不顧大德。靡有匡救，倍成奔北，自絶于人，作笑二國。

——贊麋芳、士仁、郝普、潘濬

麋芳字子方，東海人也，爲南郡太守。士仁字君義，廣陽人也，爲將軍，住公安，統屬關羽；與羽有隙，叛迎孫權。郝普字子太，義陽人。先主自荆州入蜀，以普爲零陵太守。爲吴將吕蒙所譎，開城詣蒙。潘濬字承明，武陵人也。先主入蜀，以爲荆州治中，典留州事，亦與關羽不穆。孫權襲羽，遂入吴。普至廷尉，濬至太常，封侯。

評曰：鄧芝堅貞簡亮，臨官忘家，張翼亢姜維之鋭，宗預禦孫權之嚴，咸有可稱。戲商略，意在不群，然智度有短，殆罹世難云。